エスパー・小林の大予言

エスパー・小林

JN108860

三笠書房

はじめに――「第三の眼を持つ男」が視た未来

　二〇二二年二月号（一月八日発売）の雑誌『ムー』（ワン・パブリッシング）の特集記事「大予言2022」で、私が同年二月二十四日に始まるロシアのウクライナ侵攻を予言していたことが一部で大きな反響を呼んだ。

　そして、その数カ月後、七月八日に起きた「安倍元首相銃撃事件」についても、私は「政治家や元政治家が狙撃《そげき》されるかもしれない」と、視《み》えていた未来を語っている。

　霊能力者として、私はこれまで四十年以上、除霊や未来予知、開運相談や人生展望のアドバイスなどを行なってきた。政財界や芸能界、金融業界の第一線で活躍する人たち、医療関係者やビジネスマンから良家・旧家の奥様、跡取りまで、幅《はば》広い人たちの人生、そして未来を視てきたことは、これまでの著作でも述べてきたとおりである。

そうした仕事の中でも、**「未来予知」**は、主として依頼者の近未来を視ることで、人生を打開していく鍵《かぎ》をつかむために行なっている。

この仕事を通して実感するのは、人生を破滅に導くのも、輝かしい未来を築くのも、本人の心がけと行動次第、ということだ。

もちろん、天与《てんよ》の才に左右される部分が大きいことも否定しない。それでも、スケールに大小はあるにせよ、自分に与えられた才能・才覚を花開かせるための「運」や「人脈」をつかめるかどうかは、本人のちょっとした行動にかかっている。

逆境を大飛躍のきっかけに変えてしまう人もいれば、不運を前になす術《すべ》もなく落ちぶれていく人もいる。そんな人生の浮沈《ふちん》をまざまざと見せてもらっているから、この仕事は大変なことも多いが面白い、やめられないと感じる。

そしてできれば、多くの人に自分を最高に生かす形で人生を送ってほしいと願っている。そんなことを、私はこれまで『エスパー・小林の「運」がつく人「霊」が憑《つ》く人』（三笠書房・王様文庫）などの著作を通して発信してきた。

しかし、良識的な読者はこうも思うだろう。個人の努力や思いではどうしようもないこと、不可抗力の事態に襲われることはあるのではないか、と。

これまで営々と積み上げてきたことがいっぺんに吹き飛ばされてしまうような不幸に見舞われることもある、と。

確かに、そうした面があることは否《いな》めない。

ほんの少し世界情勢に思いを巡《めぐ》らせてみれば、それは自明だろう。

世界中を驚愕《きょうがく》させたロシアによるウクライナ侵攻では、「日常」を一瞬にして破壊された人々の姿が連日、報道されている。

核兵器の使用をちらつかせるロシア、挑発的なミサイル発射を繰り返す北朝鮮、不気味な海洋進出を進める中国など、日本中がかつてないほど「地政学的なリスク」に戦々恐々としている。

欧米的価値観の旗振り役であるアメリカも、内政では貧富の差の拡大、急激なインフレ、移民や中絶問題などによる分断の危機に直面しているし、SNS上ではまことしやかな陰謀論が幅を利《き》かせている。

そして、温暖化に端《たん》を発する異常気象で、世界中の多くの国が洪水や山火事などの被害に喘《あえ》いでおり、日本も毎年のように激甚《げきじん》災害に見舞われている。

コロナウイルスのパンデミックからようやく抜け出しつつあるとはいえ、世界はいまだ先行き不透明だ。

本書では、このように混迷を深める世界が今後、どのような方向へと動いていくのか、来《きた》るべき未来に対してどのように身を処していくべきか、**「眉間《みけん》に第三の眼を持つ男」**の異称でも呼ばれる私が見通した未来をお伝えする。

霊能力者としての私は、いつも「霊が視えるだけではダメだ。祓《はら》えなくては」と言っている。予言に関しても、「未来が視えるだけではダメだ。よりよい未来をつくり出せるようでなくては」と思っている。

そういうわけで、この本を手に取っていただいた読者が、身近に迫りくる危機の予兆を察知し、自分の運命を自分で決め、よりよい未来を歩んでいくヒントをつかんでもらえたら、著者として望外の喜びである。

エスパー・小林

もくじ

はじめに――「第三の眼を持つ男」が視た未来 3

1章 予言された未来をどう生きるか
……「迫りくること」への賢い向き合い方

未来予知は「ポジティブに」生かしてこそ意味がある 18
未来は「予言が発せられた時点」で変わる 21
予言を知って「方向転換」はできるか 23
「なんで、わかったの?」――視えすぎた未来 25
複数人に語っていた「三・一一」にまつわる予言 30
二週間前から体を襲った「大地震の予兆」 32
「安倍さんは憲法改正にはタッチできないよ」 35
政治家の狙撃――私が視た未来 36
ロシアのウクライナ侵攻――こう予言した 40

モスクワに軍用ヘリが飛んでいるビジョンが―― 42
霊能力は「三つのカテゴリー」に分類できる 44
「野性の勘」と予知能力 47
「クリエイティブを極めた人」の霊感 48
為政者と「未来を見通す眼」 52
コラム　私が「本物だ」と思う歴史的霊能力者 54

2章

これから世界はどう動くのか

……衝撃の予言！　想像を絶する近未来がそこに

ウクライナ情勢は「第三次世界大戦」に発展する？ 62
プーチン、金正恩の「影武者」 64
核兵器――「最悪のシナリオ」はあるか 66

「米中戦争」は起きてしまうのか 69
日本の立ち位置――横須賀と沖縄は要注意 71
「生物兵器」が使用される可能性は 73
持っていても「使えない」 74
「気象兵器」「地震兵器」は開発されているのか 76
ベトナム戦争の頃から確立されていた技術 77
北朝鮮の「体制転換」はあるか 79
なぜ「容易に手出し」ができないのか 81
「日韓トンネル」は完成するか 83
「国家プロジェクトレベルの計画」がぶち上げられたワケ 84
次の「アメリカを率いる者」は？ 86
日本がアメリカと共闘できる理由 87
アメリカの「分断」の行方 89
「アメリカの覇権」は今後も続くか 92
ドルの「基軸通貨の座」は変わらず 93

中国共産党の支配はどこまで続くか 95
内部崩壊に至る因子 98
ロシアはこのまま大国でいられるか 101
北方領土が返還される未来 103
「食糧問題」は深刻化するか 105
アメリカの大農場が大打撃 106
コラム 「ベルリンの壁」崩壊の思い出 107

3章

混迷を深める日本に待ち受けるもの

……私たちにもたらされるのは希望か絶望か？

M8クラスの「首都直下型地震」そのカウントダウン 114
最も警戒すべきは南海トラフ地震 116

二〇二五年七月に「本当の大災難」は起こるのか 120
漫画家には「視えている」人が多い 121
「スーパー台風」が襲うのはどこか 124
自然災害よりも恐れるべきは…… 125
渇水、長雨の原因は「ポールシフト」？ 127
国難レベルの洪水はない 129
エネルギー政策の行方は？ 131
温泉が湧く国ならではの発電法 132
自衛隊は「大転換期」を迎えるか 135
米中戦争が起きると自衛隊は出動する 137
「拉致被害者問題」は解決するか 139
日本政府も手は尽くしているが…… 140
このまま少子高齢化で日本は衰退していくのか 142
結婚や出産に〝旨味〟を持たせられるか 143
「日本脱出計画」を立てるべきか 146

「野心的な人」以外はお勧めできない 147
この先、日本のどこに住んでいれば安心か 148
東京は運気的に決して悪くない 149
自民党が下野することはあるか 150
次の自民党総裁、可能性があるのは—— 151
「カリスマ的リーダー」は誕生する？ 155
「救国の英雄」が出現する条件 156
コラム 過去が視えれば、未来も視える 158

4章 科学技術と宇宙からの来訪者
……覇権の行方、隕石の衝突、宇宙人のコンタクトはあるか

「宇宙の覇権」を握るのはどこの国？ 166

天才が出ればタイムマシーンは五十年後に実現　168
「恐怖の隕石」で地球は滅亡する？　170
宇宙ゴミもそこまで心配なし　171
「宇宙人の襲来」は間近なのか　173
「宇宙戦争」はないが「見張られている」　174
「AIが人類を支配する日」は来る？　177
ただし「AIによって、なくなる職業」はある　178
人々の生活は「仮想空間」へ移行する？　180
「地表が放射能で覆われる」なら……　181
電気自動車——覇権を握るのは？　183
「空飛ぶ自動車」の実現可能性　186
コロナウイルスの特効薬は出てくるか？　188
ワクチンをめぐる巨大訴訟について　189
コラム　私の「コロナ予知」について　191

5章

今、日本に残された活路とは？

……浮上する業界、消える去る産業——私たちの「取るべき道」

「GAFAMの覇権」は今後も続くのか 196

オールド・メディアと広告代理店の未来 198

「長期低迷」を抜け出す秘策は？ 200

「二極化」があらゆる意味で鮮明になる 201

「自分の好き」を追求する人ほど豊かになる 202

十年後に楽しみな「注目の業界」はあるか？ 204

注目すべきは「新素材」 205

今後、投資を始めるべきか 207

「注目の職業」はあるか？ 210

もはや「二番煎じ」はリスクしかない 211

日本人の「宗教観」は変わるか 214

戒名や結婚式に何百万円も使うよりも…… 216
「税率」はどこまで上がり続けるのか？ 218
「ベーシックインカム」への熱視線 220

編集協力　宇都宮ゆう子

1章

予言された未来をどう生きるか

……「迫りくること」への賢い向き合い方

未来予知は「ポジティブに」生かしてこそ意味がある

まず、私のことをよく知らない、という方のために。

私の職業は「霊能力者」だ。その仕事は、「常識ではどうにもならない」と悩む人の相談に乗り、多くは霊視による鑑定を行ない、最善の未来へ導くこと。

その方法・手段は除霊であったり、ヒーリングにより治癒《ちゆ》を促《うなが》すことだったり、過去を透視することによる原因特定だったり、未来予知だったりと様々だ。このように多様な手法を駆使して、人々の悩み相談や開運相談を行なっているという意味では、特殊な霊能力者といえるのかもしれない。

さて、**「未来予知」**の能力は私が仕事をする上で、必要不可欠な能力だ。

というのも、霊障《れいしょう》に悩む人と同じくらい、「進むべき方向に悩んでいる」相談者がやってくるからだ。

例えば、

「夫からモラハラやDVを日常的に受けています。さらに最近、浮気が発覚しました。これまでは耐えることができていましたが、もう限界です。ただ、激高《げっこう》されるのが怖くて離婚の話を切り出せません」

という相談を受けたとする。

私は瞬時に〝霊能のスイッチ〟を入れ、いくつかの選択肢を視る。頭の中では、めまぐるしく相談者の未来が交錯《こうさく》する。その中から最適解を導き出す。

そして、

「とりあえずこの一週間のうちに、自分たちの資産を整理してください。そして、〇日になったら、家を出てください」

などといったアドバイスをする。多くの方は実行後、幸せになっているようだ。というのも、彼ら、彼女らは「次なる未来」についての相談に訪れてくれるからだ。

結婚するか、離婚するか、パートナーはどちらの人を選ぶべきか、どの会社、学校を選んだらいいのか。そういった相談にも、私はかなり明確に答える。

あとからクレームを受けることを恐れて曖昧《あいまい》な言い方をする占い師もいるようだが、私ははっきりと、

「これはダメだ、離婚したほうがいい」

「この会社を選んだら未来はない」

などと言う。

また、

「この人と結婚していいのか」

と聞かれたとする。

そのような時は、十年後、二十年後を霊視する。夫婦と子ども、一家団欒《だんらん》でご飯を食べているといった光景が視えると、その結婚は成功する。一方で、家族が一緒にいる時間が視えなかったり、暗い部屋で一人でカップ麺《めん》を食べていたりするようなシーンが視えたら、考え直すように促す。

◈未来は「予言が発せられた時点」で変わる

ただ、ここで断っておきたいのは、「未来は、予言が発せられた時点で変わる」ということだ。

予言は難しいと言われる所以《ゆえん》だ。

人の未来というのはアドバイスを受け、具体的な行動に移した時点でわりと簡単に変わる。なぜなら、個人の人生であれば、本人の思いや努力でいかようにも変えられるからだ。

しかし、例えば関東大震災などの自然災害は、私たち一人ひとりがどんなに頑張ろうが避けられない。

人為的な事柄ではないからだ。

それでも自分の生活圏で近いうちに大きな災害が起こると知っておくこと、そして、予防策をしっかりと講じておくことだ。そうすれば受ける被害を最小限にとどめることはできる。

私の家でも、「何かあったら困る」と、長期間保存可能な非常食や薬を常に多めに備蓄している。

本作では、私たちが直面するであろう様々な未来を予知し、大難を小難に、小難を無難に変え、トラブルを乗り切る対処策を占ってみた。「心がまえ」があれば、その時がきても冷静な行動が取れるだろう。

私の予言がいくばくかでも、読者に資《し》するところがあれば何よりである。

予言を知って「方向転換」はできるか

私の不思議な予知能力、そして未来を洞察する力はいつから開花したのか。

あれは確か、十代、中学生の頃だったと思う。友人たちと他愛ない話をしていて、「それは、きっとこうなるんじゃないの?」と何気なく発言することがあった。それが次々に当たり、「お前、すごいな」と、ちょっとした話題になっていたのだ。その頃が「自分は少し、まわりの人と違った能力があるのかな」と自覚した最初である。

母方の家系は霊能的な力を持っており、本当は、もっと小さい頃から予知的なことができていたようにも思うが、それは気のせいだと感じていた。

ちなみに、あの『ノストラダムスの大予言』で有名なミシェル・ド・ノストラダムスも、南仏モンペリエ大学の医学部に入った十五歳（一説では十七歳）の頃から、予知能力を垣間《かいま》見せるようになったという。友達の「未来の恋人」がどんな女性かを言い当てて驚かせたりすることが度々《たび》あったそうだ。

また、医師になった二十七歳の頃、絶世の美少女のことを夢で見て「自分の伴侶《はんりょ》となる相手だ」と直感。その二日後にまさにその女性と出会って、交際を申し込み、すぐに結婚式を挙げたという。

実は、私も妻に出会う前に「夢で会っている」のだが、未来予知の能力を授《さず》かった者は、このように結婚相手や恋人に「夢の中で事前に会っている」ことがある。

もちろん、私は相談者の結婚相手なども「視える」し、自分の調子がよくて、かつ相手との相性がよければ（未来予知をするにも「相性」というものがある）、「名前」もわかってしまう時がある。

ただし、相手の名前が視えても、それを教えることはあまりにも影響が大きすぎるので、本人には伝えないようにしている。未来を伝えることで、「うまくいくものがうまくいかなくなる」ケースをたくさん見てきたからだ。

例えば、社会的に成功する姿が視えた時に、ストレートに「あなた、このままいけば成功しますよ」と伝えたばかりに相談者が慢心して隙《すき》が生じ、人生の流れが変わってしまうこともある。

だから、**「視えた未来をどう伝えるか」は、とても重要だし、とても神経を使うところ**なのだ。

そこで、結婚相手について視えたことを伝える時には、「外見のヒントを出す」くらいが丁度いいと思っている。本人も、出会いの中で「この人かな？」と、謙虚な気持ちで相手をよく見るようになるし、よい結果に落ち着くことも多いようだ。

◈「なんで、わかったの？」――視えすぎた未来

「安倍さんは、また総理大臣になるよね」

飲み会の席で私が何気なく言った一言に、まわりがギョッとしたことがある。

二〇〇七年九月、安倍晋三氏が総理大臣の辞任会見をした直後のことだ。

ちなみに、私はお酒を一滴も飲まないが、友人や相談者たちとの交流で酒席に呼ばれることも多い。その時に、ポロリとこういう予言をするらしいのだ。

「美しい国」を政策に掲《かか》げた政界のサラブレッドは、二〇〇六年九月に内閣総理大臣に就任。しかし、「年金記録問題」を受けて二〇〇七年七月の参院選で敗北すると、その二カ月後に突如《とつじょ》、辞任表明するや、慶應義塾大学病院に「強度のストレスによる機能性胃腸障害」で入院した。その顛末《てんまつ》を覚えている読者も多いだろう。

就任からわずか一年で安倍氏が辞職した当時、手厳しいコメントばかりが聞かれ、首相に返り咲くなどと思う人は稀《まれ》だったと思う。

しかし、五年の時を経て、二〇一二年に再び総理大臣の座に就《つ》くや、連続在任日数で歴代一位になるほどの権勢を誇った。

第二次安倍政権が発足したその日、過日、飲み会に同席していた友人たちから、「なんで、わかったの?」と、驚きの連絡が入ったものだ。

こんな私の能力を、

一度は総理大臣の職を辞した後、5年の時を経て返り咲き
連続在任日数で歴代1位となる権勢を誇った安倍晋三氏

「偶然でしょ」

「科学的にあり得ない」

「妄想だ」

などと、嘲《あざけ》ったり、冷笑的な態度を示したりする人もいる。

しかし、そんな時こそ私は相手の現況や、当人以外に知り得ないことをわざとビシビシと言い当ててしまう。そうなると彼らもたまらない。

はじめは薄笑いを浮かべていた人たちが今では私の評判を広めてくれて、ありがたいような状況にさえなっているのだ。口コミで相談者の数は増えて、ここでは到底、書けないような社会的影響力を持つ人たちもお忍びで訪れる。

そうした人たちとの関わりの中で、普通では知り得ない「秘密情報」を得ることもある。もちろん、そのことでフィクサーとして暗躍しようとか、私腹を肥《こ》やそうなどとは夢にも思わない。

ただ、政治や経済、防衛関連の動き、あるいは社会情勢への洞察力を養うことができ、何とも言えない面白味を感じてしまう。

漠然と「この二つの間には、もしかしたら関連があるのではないか」と思っていた複数の事象が、点と点を結ぶ線のようにつながっていくのだ。

しかし、「未来を知ってしまう」とは、ある意味つらいことでもある。

「このままいったら、こうなりますよ」と正直に伝えて、ショックを受けた相手から罵声《ばせい》を浴びせられることもある。

自分が望まない未来を告げられた時、最初に出てくる感情は拒絶、そして怒りだ。

しかし、そこで立ち止まって内省できる人、客観的に自分や組織の置かれた状況を俯瞰《ふかん》できる人は、未来を変えていくことができる。

そう、「未来は予言が発せられた時点で変わる」のだ。

その相談者が大きな組織を率いていたり、社会的な立場が高かったりすれば、その人が「予言を知って方向転換できるか否《いな》か」は、多くの人たちの運命にも関わってくる。

人を率いていくポジションに就いているのであれば、内省・俯瞰できる人たちであることを願うばかりだ。

これから本書で紹介していく「来るべきこと」を読んで、「いかがわしい」と目を背《そむ》ける人もいれば、「そんな可能性も否定できない」と虚心坦懐《きょしんたんかい》に受け止め、ベストな選択を模索《もさく》できる人もいるだろう。

さて、あなたはどちらだろうか。

複数人に語っていた「三・一一」にまつわる予言

未来に関して私がした予言のうち、最も印象深いものが、二〇一一年三月十一日に起きた東日本大震災だろう。

この震災について、私は震源地も時期もほぼ完璧《かんぺき》に当てているらしいのだ。

「らしい」と書いたのは、予知した時のことを自分自身は全く覚えていないからだ。

ある日、居酒屋で待ち合わせた友人が、

「あの時は助かったよ！」

と、話しながら近づいてきた。二〇一一年の一月頃、私はこの友人を霊視したのだが、ふと、

「キミが持っている東京電力の株、三月の中頃に暴落しそうだから、注意したほうがいいよ」

と、私が言ったというのだ。

友人は、「東電の株価が暴落するわけがない」といぶかったようだ。

この友人とは古い付き合いで、普段は仕事やプライベートをメインに視ており、資産面について触れることは皆無だった。そのため、彼は、

「そんなこと、いつもは言わないのに。おかしいな」

と不安を覚えたという。

当時、東京電力といえば、「安定」の代名詞のような会社だった。彼自身、投資に少し興味がある程度の人なので、リスクとは無縁の安定銘柄《めいがら》ばかりを買うタイプだった。

なので「何を言っているんだか……」と思ったのだが、やはり私の言葉が気になって売却したのだそうだ。すると、それからほどなくして三・一一の大震災が発生、東電の「福島第一原子力発電所事故」が起きた。

ご存じのとおり、三つの原子炉が同時にメルトダウンを起こすという「最悪レベルの事態」によって、東電の株価は暴落した。

「本当に東電の株が暴落したから驚いた。『やっぱりこの人、未来が視えているんだな』と思ったよ。小林さん、疑ってゴメンね」

と、友人が話すのを聞いた。

二週間前から体を襲った「大地震の予兆」

また、これも数年前のことだが、複数人で会食をしていた私は、参加者の一人から、

「近い将来、東京に大地震って来る？」

と聞かれたらしい。この時には、

3つの原子炉がメルトダウンを起こした
東京電力福島第一原子力発電所

ていたらしい。

「来ないよ。来るとしたら東北だよ」

と、震源地をピンポイントで伝えていたらしい。

「らしい」と伝聞調で書いているのは、これも自分の記憶からは一切、抜け落ちてい

て、後日、その参加者から、

「エスパー、震源地、当たっていたよ！」

と言われたからだ。

「未来予知のモード」に入っている時は特殊な精神状態になっているので、「仕事と

して目の前の相手に伝える」ことを強く意識していない限り、その内容を覚えていら

れないのだ。

ささいなことでは、友人と野球の話をしていて、友人が「どのチームが優勝するん

だろうね」と言おうとした瞬間に、

「今年は○○が優勝するね」

と私が言ったことがあるそうだ。後に実際にそのとおりになったので、さらに驚い

たと聞かされた。このように、友人たちによると、質問をしようと口を開きかけた寸

前に、私が答えを言ってしまうことはよくあるらしい。

ちなみに三・一一の東日本大震災に関しては、二週間くらい前から体に予兆があった。ある朝、目が覚めてトイレに行こうとしたら、貧血の時の立ちくらみのようにフワーッと気を失うような感覚に襲われた。そして、この感覚がほぼ毎日続いた。

体全体が揺れ、船酔いのような感覚が何度も襲ってくるので、

「体がどこか悪いのかな？」

と、いぶかしく感じていたくらいだ。まっすぐ歩くのがつらいくらい、全身を揺れの感覚が襲っていた。そして、あの日、あの巨大地震が東北を襲った。

その後も、同じようなめまいに襲われることがあり、その直後には必ず大きな余震が起きた。ナマズなどの動物は地震の前に反応するといわれるが、私にも同様の探知能力があるようだと感じた一件だ。

だから、あの船酔いのような感じがない限り、甚大《じんだい》な被害をもたらす地震は来ないと、自分では思っている。

「安倍さんは憲法改正にはタッチできないよ」

こんなこともあった。友人と憲法改正の話をしていた時のことだ。約七年八カ月にも及《およ》ぶ長期政権を築いた安倍晋三内閣が二〇二〇年に総辞職というニュースを受けて、友人から、

「安倍さんが退陣したけど、若いからまた首相になれるかな。僕は改憲派なんだけど、第三期の安倍政権で改憲はあると思う？」

と聞かれた。

その時、私は、

「第三期の安倍政権はないよ」

と答えたという。

そして、

「憲法改正には、安倍さんはタッチできないんじゃないかなあ」

とも。だが、友人は、

「憲法改正は実現するのか。でも、今の自民党で憲法を変えられるほどのリーダーシップがあるのは、安倍さんしかいないだろうな」

と、私の言葉を否定的に見ていたのだそうだ。

だからこそ、安倍元首相銃撃事件の速報を聞いた時、「エスパー！」と思わず声を発したという。

この時も、集中して霊視をしていたわけではなく、「改憲」と聞いた時に、ふと視えたビジョンの中に安倍さんはいなかったので、ポロッと口をついて出ただけなのだが……。

◈政治家の狙撃――私が視た未来

ちなみに二〇二二年二月号の『ムー』誌には、

「可能性はかなり低いながらも、政治家や元政治家が狙撃されるかもしれない」

という私の予言が載っている。

私の予知にはよくあることなのだが、頭の中にフッと、テレビのニュース画面のようなものが浮かぶことがある。

この時も脳内に、多くの聴衆の前で演説をしている人が銃弾を受けて倒れ、ＳＰ（要人の身辺を護衛する警察官）たちが駆け寄るビジョンが視えた。

「政治家」と断定しているのは、そのためだ。

もし、警察関係者があの予言を知っていたら……と思わないといえば嘘《うそ》になる。

その政策に功罪はあっただろうが、安倍

首相経験者が選挙期間中の遊説先で襲われた驚愕のニュースに
日本、そして世界中に衝撃が走った

氏は日本人としては珍しいくらい、世界の要人たちと気後れせず対等に渡り合える存在感のある人だった。日本は惜《お》しい人材を失ったと思う。

一国の首相経験者が、手製の銃で狙撃され死亡するという未曾有《みぞう》の事件の実行犯は、母親が旧統一教会（世界平和統一家庭連合）に多額の献金をして自己破産をした一家に育った男性であることが、大きな話題となった。

彼の境遇に対して、同情する気持ちはある。

だからといって暴力に訴えることは絶対に許されるものではない。それを認めてしまえば法治国家として成り立たなくなる。

しかし今回、彼が安倍氏を狙撃したことによって、カルト宗教の闇《やみ》と政治との癒着《ゆちゃく》ぶりがあぶり出される結果になった。この一件がなければ、旧統一教会のやり口が白日のもとにさらされることもなかったかと思うと、いったい日本の未来はどうなっていたものかと考えただけでもそら恐ろしさを覚える。

では、私が犯人のようにカルト宗教によって人生を台なしにされているという悩みを持つ人から相談を受けた場合、どうアドバイスするか。

まずは置かれている状況から、なるべく遠くへ逃げることを勧める。仕事や住む場所を変えるのはもちろん、偽装でもいい、結婚をしたり養子に入ったりするなどして戸籍を変え、過去とのつながりを完全に断つのだ。海外へ脱出するのもいいだろう。

そんな行動力はないというなら、別の宗教施設に逃げ込むのも手だ。別の信仰に触れることによって、何よりも当人のマインドも変わる。

ただし、そこで気をつけてほしいのは、例えば仏教なら明治期以前から信仰を集めてきた伝統的な宗教施設を選ぶことだ。

ちなみに、私は霊能力を使って多くの人たちの相談に応じているが、会計は明瞭で、なんであれ宗教団体とは一切、関わりを持っていないことを、ここではっきりと断っておく。

ロシアのウクライナ侵攻——こう予言した

前述の『ムー』誌で出した予言では、ロシアによるウクライナ侵攻も予言していて、これも、「ズバリ当たった」と話題になった。

「紛争についてはウクライナあたりが危ない。第三次世界大戦には発展しないが、長期的に揉《も》める」

と、答えている。

ロシアがウクライナに侵攻したのは、二〇二二年二月二十四日のことだった。ロシアのプーチン大統領は短期間でウクライナのゼレンスキー政権を崩壊させ、自分たちに都合のよい傀儡《かいらい》政権をキーウに樹立することを目論《もくろ》んでいたと報じられている。

しかし、予想外の激しい抵抗に遭《あ》い、欧米を中心としたウクライナへの軍事支援も

「ウクライナの NATO 加盟は絶対に越えてはならない一線」とするロシアのプーチン大統領。紛争終結の道筋は――

あって、紛争は短期決着とはいかず、長期化している。

二〇一四年にロシアは黒海に突き出した軍事上の要衝《ようしょう》、クリミア半島に軍事侵攻し、開始から一カ月足らずで一方的に併合したが、この時のように、「ロシアにとって都合のよいシナリオ」のとおりにことは進むと考えていたのだろう。

クリミア併合の際には、世界各国も、今回ほど断固とした一斉非難をロシアに対して行なっていなかった。

「ウクライナのNATO（北大西洋条約機構）加盟は絶対に越えてはならない一線」と考えるプーチンと、ウクライナの考えの隔《へだ》たりは大きく、事態の収束はいまだに見えない。

今や「核兵器の使用」もちらつかせ、ライフラインへの攻撃、動員令に基づいて徴兵された予備役に訓練を受けさせないまま戦地へ送るなど、プーチン政権はなりふり構わぬ様子を見せている。

友人や相談者との雑談で、

「ウクライナ情勢は今後どうなるのか」

という質問を受けることも本当に多い。エネルギー価格の高騰や、ロシアとの貿易規制など、日本人の生活にも直接的、間接的に広範な影響が及んでいる。

◈モスクワに軍用ヘリが飛んでいるビジョンが――

世界は今後、どのように動くのか、紛争が起こりそうな地域はどこか――。

「社会情勢の未来を見通してほしい」と依頼された時、私はまず世界地図を頭の中に思い浮かべる。

二〇二二年の未来を見通してほしいという依頼を受けた時もそうした。すると、ロシアのあたりが立体的に盛り上がっているのを感じた。

そこで数カ月後のモスクワに意識を集中させて視てみると、市街地の上空をカーキ色の軍用ヘリが飛んでいる光景が視えた。機体には、赤い星のマークがついている。

首都の上空を軍用ヘリが飛び交うなど、平時では絶対にあり得ない。

あるとすれば、軍事パレードが行なわれているか、戦争が起きているか、そのどちらかだけだ。

「あ、これは戦地へ飛ぶロシアの軍用機だな」

と、ピンときた。

さらに頭を切り替え、脳内に世界地図を思い描き、「どこで戦争が起こるのかな」と、地図の上を〝霊能センサー〟のようなもので探索《たんさく》していくと、「トン」と圧を感じる場所があった。そこがウクライナだった。

私は、次に大きな地震が起きる土地についても、これまで『ムー』誌で予知し、けっこう当てているが、その際も、日本地図や世界地図を用意し、頭の中で「地震、今年」と脳内に思い浮かべる。すると、エネルギーが溜《た》まっているあたりの地図が、脳内に思い浮かぶのだ。

このやり方は人の体を視る時も同じだ。人の体を手のひらや指先でサーチすると、「この人は心臓のこのあたりが悪い」といったことがわかる。ダウジングのようなものだと思ってもらっていい。

ダウジングは道具を使うが、私の場合は遠隔なら脳内、現地でなら手を使って行なう。そのほうが正確に感知できるからだ。

そのため、普段から料理など指先に怪我《けが》をするリスクのあることは避けている。指先のセンサーが使えなくなったら仕事にならないからだ。

パワースポットの探索をする際も、手で感じ取る。

そのやり方を簡単に説明すると、まず、眉間にある「第三の眼」で透視する。目星がついたら、指先を使ってエネルギーが盛り上がっている場所を特定していくのだ。

◈霊能力は「三つのカテゴリー」に分類できる

ちなみに、予言をする時に使うパワーは、除霊の時のそれとは異質なものだ。

私は霊能力を、大きく三つのカテゴリーに分けて使っている。

①未来や過去の透視
②特異気功による身体の癒《いや》しと症状の自律的改善
③除霊

この三つのカテゴリーをエアコンでたとえると、未来予知や過去を視る時に使うパワーは冷房、体を癒すのは暖房、除霊は除湿という具合だ。

ちなみに一番パワーを使うのは、除霊だ。「祓う」という行為は、ホームランを狙《ねら》って打つのと同じ。ピンポイントで当てなければ、強い恨《うら》みの念を祓うなど、できはしない。

「祓い」の業《わざ》を身につけ、精度を高めるために、私は相当の時間をかけて修行した。祓えないと命取りになるし、気力を強く持たないと、すくみあがってしまうような霊もいる。

だから、除霊が一番疲れる（「祓い」について詳《くわ》しく知りたい方は拙著『知らずにかけられた呪いの解き方』〈三笠書房・王様文庫〉を読んでほしい)。

一方、未来予知についてはそこまで集中する必要はない。さほどパワーは必要ないが、人生展望のアドバイスの場面などで「この仕事はどうですか?」と相談を受けた時などは、最適の選択肢を絞《しぼ》り込むために、多くの未来を視る必要がある。

それは、将棋や囲碁で手を見通すことに近い。

また、単に「うまくいく、いかない」といったことだけではなく、「この道を選んだとして、どうしたらベストな方向へ持っていけるか」という具体的なアドバイスも必要になる。

視るだけでなく、相談者の境遇や思いを聞きながら、言葉も選ぶので、神経を使う。

それでも「このままだと今月で会社が潰《つぶ》れる」「成果が上がらずクビになる」といった相談者に、「こうしたら運気が上がるよ」と開運アドバイスを行なう時は、やっていて楽しい。

帰る時には事務所を訪れた時とは明らかに違う、晴れやかな表情の相談者を見ることができるからだ。

「野性の勘」と予知能力

あまり声高に言うと差別的になるかもしれないが、**社会的立場の高い人たちは、未来予知に近い能力を持つ**傾向がある。

ある企業のトップは、各所で開催されるイベントに参加する際、何もない会場に入った瞬間に、「ここにはこの展示をして、あそこには商談ブースを設《もう》ける」といった全体像がバッと視えるのだそうだ。そしてそのとおりに配置すると、ものすごく評判がよく、大きな商談が次々と成立するのだと。

この仕事をやっていて感じるのは、一代で大きな会社をつくり、育てあげるような創業社長たちは私の能力を信じてくれる人が多い、ということだ。

それは、彼らにも霊感に近い感覚が備わっているからだ。そして、上に立つ人ほど、「野性の勘」ともいえる霊感的な能力、未来を見通す力を持っている確率が圧倒的に高い。

自分にもそうした力が備わっているから、私のアドバイスにもすぐ共鳴して、具体的なアクションを起こす。だから、ますます成功していくのだ。

◈「クリエイティブを極めた人」の霊感

作家、芸術家、美術家など、**クリエイティブを極めた人の中にも「視える人」は多いと思う。**

例えば、小説家の井上靖は過去が全部視えていたと言われていて、この能力を用いて書いたのが、代表作『敦煌《とんこう》』だ。この作品は、九百年間、眠り続けていた仏典「敦煌文書《もんじょ》」を巡る雄大なロマンと敦煌の衰亡を描いている。

史実をもとに書かれた小説なのだが、この壮大な歴史物語を読んだ時、「井上靖は確実に視えていて書いていていただろう」と思った。

他の作家でいえば、星新一も視えたのではないかと思う。

SFの大家・星新一は、千作以上のショートショート作品を残したことでも知られる。

私も若い頃、ハマって読んだものだが、彼の作品を読んでいると、「あれ？　この人、視えている？」とページをめくる手が止まることが度々あった。

晩年彼は、「書きたいアイデアがどんどん溢《あふ》れてくる」と語っていたそうだが、こうしたエピソードからも、やはり視えていたのでは？　と、感じさせられるのだ。

ちなみに彼は、一九六〇年代、七〇年代にすでに、インターネットやマイナンバー、スマートフォンを想起させる作品を発表している。

その他、晩年の黒澤明監督の作品を見ると、明らかに視えていたのではないかと思う。

横尾忠則氏などもアート作品には霊感が不可欠といったようなことを書いているし、三島由紀夫にも実は霊感があった。だから、二・二六事件で銃殺刑になった将校の霊が憑《つ》いたのだ。

実は、この将校の霊の除霊が試みられたこともあった、というウワサがある。しかし実際に行なわれることはなく、結局一九七〇年十一月二十五日、陸上自衛隊市ヶ谷駐屯地《ちゅうとんち》の総監室で三島由紀夫は割腹《かつぷく》自殺を遂げた。

「霊感があるかどうか」は、声を聞いてもわかる。

芸能人の声を聞いていて、「あ、この人、霊感あるな」と思っていると、いろいろなところで「実は、あの人は……」という話を聞き、「あぁ、やはり」と思わされる。彼らには霊感を持つ人に特有の〝低音の響き〟があるのだ。

例えば俳優の玉木宏氏の声には、そうした特有の響きがある。彼は「視えている」可能性が高いと思う。会ったことはないが。

実は、〝霊感〟による未来予測そのものは、ある意味、誰でもできることだ。

「除霊」はかなりの技術を要するが、「視るだけならできる」という人が多いのは、**霊感は人間の本能として備わっている**ものでもあるからだ。

〝霊感〟のことを「第六感」と言ったりもするが、五感、すなわち感性を研ぎ澄ませた先に霊感があるともいえるだろう。

ちなみに、人間は「朝、起きた時」が一番、霊感が強い。未来予知も不可能ではない。

この、起きた時に一番強くなる霊感を活かした未来予知の方法の一つが「夢」を書きつけることだ。

私が「夢占い」を全否定しないのは、夢で見たことはけっこう当たるからだ。ただ、多くの人は、朝起きた時、見た夢の内容を覚えていない。仮に覚えていても、すぐに忘れてしまう。

だから、もしあなたが「自分も未来予知の力を高めてみたい」と思うのであれば、枕元にノートを置いておくことをお勧めする。

そして、霊能力者は、「起きていながら夢を見る」ことができる。換言すると、一時的にレム睡眠時のような脳の状態をつくり出せる人間が霊能力者なのだ。だから、わざわざ眠らなくても「視えてしまう」のだ。

◈為政者と「未来を見通す眼」

ちなみに**為政者《いせいしゃ》が「未来を見通す眼を持つ人物」を側《そば》に置いておく**のは珍しい話ではない。それは、軍部においてもそうだ。

後述するが（3章末コラム）、アメリカ陸軍が極秘裏に進めていた「スターゲート・プロジェクト」では、透視能力者が集められていた。

そして、なにもこれは、アメリカに限った話ではない。

毛沢東《もうたくとう》が文化大革命を起こしたのも、霊能力者のアドバイスに基づいてだったというウワサを耳にしたことがある。あくまでも「都市伝説」としておくが、軍部が霊能力者をかき集めて戦況を占わせ、作戦を立てていたとしても驚きはしない。

意外に知られていないが、太平洋戦争中、日本にも「陸軍中野学校」という特殊な施設が存在した。陸軍中野学校は諜報《ちょうほう》や防諜、秘密戦に関する教育を行なっていた軍学校だが、霊能力者も集めていたというウワサがある。これも都市伝説としておこう。

余談だが、ある地区に霊感の強い刑事がいたのだが、少し経《た》ったら、警視庁の本庁に異動になったという。いくつかの難事件を解決に導いた功績から、ということだそうだ。

警察といえば、事件の捜査で壁にぶつかると、菓子折りを持って地元の霊感の強い人物のところへ話を聞きに行くという話もある。

そうした人物に透視をしてもらい、言われたとおりの場所から遺留品が出てきて、犯人の逮捕につながったというケースが少なくないのだそうだ。「迷宮入り」を避けるために、過去を透視する力が人知れず生かされているのだ。

こういう話は、決して表には出てこない。ただ、実際に行なわれることがあると、さる信頼できる筋から聞いたことがある。

さあ、次章からは、いよいよ私が視た未来について書いていこう。

Column

私が「本物だ」と思う歴史的霊能力者

歴史を振り返ってみて、「予言する力を持つ霊能力者」として私が「本物だ」と思う人物が三人いる。

日本だったら**出口王仁三郎**《でぐちおにさぶろう》だ。

出口王仁三郎は、一八七一年、京都生まれのカリスマ宗教家。大本教《おおもと》開祖・出口なおの女婿《じょせい》にあたり、教義の確立に努めた人物だ。不敬罪の嫌疑で、一九二一年、一九三五年と二度検挙されたが、終戦により免訴《めんそ》された。

戦後は、大本教を愛善苑《あいぜんえん》として再建した。その口述書『霊界物語』は、本人が霊界を探索・見聞して著した全八十一冊から成る大作だ。

数多《あまた》いる日本の予言者の中で、なぜ彼こそが本物だと私は推すのか。

それはやはり、予言を的中させてきたという実績が大きい。

出口は明治末期にすでに、「日本帝国の滅亡と天皇の人間宣言」を予言していた。

さらに関東大震災、第二次世界大戦の勃発《ぼっぱつ》、広島への原爆投下などを予言し、的中させている。

当時、そんな不吉な予言を発信し、時の政府を非難し続けていたのだから禁圧されるのも当然だろう。


また彼は、写真からもエネルギーが溢れているのが見て取れる。

死してなお、写真にここまでのエネルギーが宿り続けている人も珍しい。

日本は、予言者や霊能力者が出る確率が高い。

それは「血が濃い人」たちがいるからだ。

山間部や離島などでは、どうしても血が濃くなりがちだが、その分、能力の高い人も多いのだ。

ノストラダムスは確実に未来が視えていた

二人目が『ノストラダムスの大予言』の**ノストラダムス**だ。

彼については毀誉褒貶《きよほうへん》、いろいろな意見があるが、確実に未来が視えていたと思う。

その理由の一つは、かなり「具体的な人名」を出していたことだ。なぜなら、人の名前を出すことは非常に難しいからだ。

一九九九年の「滅《ほろ》びの予言」で有名になったノストラダムスだが、この予言が外れたことで、忘れ去られることにもなった。

しかし私は、あれは「外れた」のではなく、翻訳をした人が霊能力者ではないから、「意味を読み違えただけ」だと思っている。

さらに、十六世紀を生きたノストラダムスが言っていること、書き残したことの真意をつかむには、当時の社会状況も考えなければならない。そうでなければ彼の本意をつかむのは難しいだろう。

私がノストラダムスの能力が高いと考えている理由の一つに、「家庭が不幸」という点がある。彼は結婚して子どもに恵まれるのだが、最初の結婚で生まれた子どもは全員病気で死んでいるという。そして、言いにくい事実であるが、自分にとって一番身近な人が死ぬことで、霊能力は上がるのだ。

また、ノストラダムスのやり方も理に適《かな》っている。彼は、足を水にひたし、ろうそくを立てて予言をしたそうだが、私はこの方法が間違っているとは思わない。ノストラダムスにとっては、この方法が最も集中できたのだろう。

私の場合も、ボーッとリラックスして目をつぶっていると様々なビジョンが浮かんでくる。ただし私の場合、その時に視たものが記憶に残らない。人と何気なく話している最中にポロッと出たことを相手が覚えていて「そのとおりになった」と再確認するというケースがほとんどだ。

そして、私が「本物だ」と思う予言者の三人のうち、最後に挙げたいのは**アドルフ・ヒトラー**だ。

彼は確実に霊能力を持っていた。だから、束《つか》の間でも天下が取れた。

ただ、別の著書にも書いたが、ヒトラーを霊視すると、背後が真っ黒だ。恐らく

「魔」が入った霊能力者なのだと思う。

こうした話を知人にしたところ、「そういえばね」と、こんな話を教えてくれた。ヒトラーが最前線で従軍していた若い頃、命を落とすことがなかったのは、「何者かの声が聞こえていたからだ」というのだ。この「何者か」にヒトラーは守られ、未来を教えてもらっていたのだという。

なるほどな、と納得した。ヒトラーの未来予知が恐ろしいほど鮮明なのは、そのためだろうと。

ヒトラーは戦時中においても、第二次世界大戦の勃発、日本とドイツの軍事同盟の締結、日本への原子力爆弾の投下などを次々に的中させたという。さらにはヒトラーの側近のナンバー2であるヒムラーと、ナンバー3であるゲーリングの裏切りまでも。

興味深いのはヒトラーが自身の亡き後の世界についても言い当てている点だ。ロケットやコンピューターの出現や、宇宙・月への進出、そして「人間の脳そっくりの機械が現われ、人間のほうが機械の発言に頼るだろう」といった発言は、AIについて言及しているとしか思えない。

ヒトラーは「魔」に魅入られた霊能力者だった。
その「未来予知」は恐ろしいほど鮮明だったという

さらには、「二〇三九年一月、現在の人類は地球上からいなくなる」といった発言もしているという。

これは人類が滅びるということではない。人類は、人類以上の存在「神人《しんじん》」に進化する集団と、神人に操《あやつ》られる「ロボット人間」に退化する集団とに、二分化されてしまうというのだ。

ヒトラーの予言は外れているものも少なくない。ただ、私が予知する第三次世界大戦（72ページ参照）を思うと、ひっかかる部分はある。

そのため、彼の予言には注目をしている。

2章

これから世界はどう動くのか

……衝撃の予言！　想像を絶する近未来がそこに

ウクライナ情勢は「第三次世界大戦」に発展する？

ウクライナ情勢は今後、どのような結末を迎えるのだろうか。

霊視をすると、「18」という数字が出た。

私がこの原稿執筆のために霊視をした日から起算して十八カ月後、つまり一年半後か、もしくは一年八カ月後、それくらいまでかかる、ということだ。

もしかしたら、この戦争が始まった二〇二二年二月から一年半後か、一年八カ月後かもしれない。

いずれにせよ遅くとも二〇二四年の春頃には、決着がつくだろう。

実際の戦況報道を見ていても、そんなに簡単には決着はつきそうにない。一進一退

ウクライナのゼレンスキー大統領。SNS やオンラインを通じ
各国にさらなる軍事支援を呼びかけている

がまだまだ続きそうだ。

極端に言うと、ゼレンスキー大統領が心労で倒れるとか、プーチン大統領がクーデターで失脚するなどの事態が起きない限りは、戦争は容易には終わらない。ズルズルと攻防を繰り返すだろう。

ただし、ウクライナがロシアに併合されることはなさそうだ。

そのウクライナだが、「東部や南部の都市の多くをロシア側が掌握《しょうあく》した」といった報道が一時、続いていた。しかし、ロシアに奪われた領土はだいぶ取り返すことができると思う。

さらにうんと先の未来を視ると、ロシア

は将来的には、何分割かになる可能性がゼロではない。ただ、それは恐らくプーチンが政権を退《しりぞ》いて十年ほど年月を経ての話だ。

そして、それは争いが原因ではない。

ロシアは現在、共和国や州等、八十三の構成主体から成る連邦国家なのだが、それらの共和国や州を一つに束《たば》ねていく統治力がなくなり、ロシア人以外が多く居住する共和国や自治州などの独立を認めそうなのだ。ロシアがいくつかの国に分かれるというのは、そのためだ。

◈プーチン、金正恩の「影武者」

さて、「独裁者のプーチンが早く死んでくれれば戦争は終わるのに」と思う人もいるかもしれない。

ただ、ことはそう簡単ではない。たとえプーチンが亡くなったとしても、ロシアのように独裁者が政権を牛耳っている国では、そのトップには必ず「影武者」が存在しており、死亡を公表しない可能性があるからだ。

ちなみにプーチンの影武者は、テレビに幾度も出ている。むしろ、本物はめったに出てこないと言ったほうが正しいか。

さすがに諸外国の首相レベルと対峙《たいじ》する時は本物だが、人前に出る時は、ほとんど本物ではない。なぜ、そう言えるのか。それは**「背後霊が違う」**からだ。

ちなみに、プーチンの背後にはイヴァン雷帝《らいてい》の霊がついている。

イヴァン雷帝とは十六世紀後半にロシアを統治した皇帝だ。猜疑心《さいぎしん》が強く、反対勢力を徹底的に潰す恐怖政治を敷《し》いたため、雷帝と呼ばれ恐れられていた。本物のプーチンの背後には、彼の姿が視える。

背後霊といえば、安倍晋三氏の背後には、第二次安倍政権のあたりから母方の祖父で内閣総理大臣を務めた岸信介《きしのぶすけ》の背後霊が立っていた。安倍さんは水を得た魚のように精力的に国内外の政策に取り組んでいたが、岸さんの霊に導かれていた部分も大きかったと思う。

では今後、また誰かの背後に岸さんの霊が……というと、それはまた別の話だ。こうした霊は、つく相手を選り好《え》みするだけではなく、タイミングも選んでいるからだ。

願わくば、田中角栄や佐藤栄作あたりの霊が誰か政治家の背後についてくれたら、とも思うのだが、そう簡単にはいきそうにない。

北朝鮮の金正恩《キムジョンウン》総書記にしてもそうだ。彼の場合、背後霊を視なくてもわかる。本物と影武者とでは、そもそも「目力《めぢから》」が全く違う。今、テレビの映像などで見る金総書記は、前よりも純粋で、温厚な目をしている。

さらに言えば、歩き方も違う。もちろん、背後霊も違っている。

近年、妹の金与正《ヨジョン》氏が存在感を高めていること、また「金ファミリー」の露出の増加から見ても、「本人は亡くなっているかもしれないいな」とも感じている。

◈核兵器――「最悪のシナリオ」はあるか

さて、ロシアとウクライナのこの戦争では、原子力発電所への攻撃や、核兵器の使用も辞さない構えを示すプーチン大統領に西側諸国は戦々恐々としているが、今の段階ではその可能性は低い。

ロシアも、核を使用した時の後戻りできない事態、つまり「全世界的な核戦争」へと発展する可能性について考慮しているはずだ。「核を使ったら必ず自国も核で報復される」と知っているからだ。

核は諸刃《もろは》の剣《つるぎ》だ。たとえ核の投下によって戦勝国になり得たとしても、世界から総スカンをくらうことになってしまう。

ただ**「核兵器が今後使われる可能性」**に関して言うと、ないわけではない。

戦争で使用されるにしても、誤爆発にしても、放射能の匂いはある。

まず、戦争で使用される可能性のある場所は、**インド**と**パキスタン**の国境だ。

インドとパキスタンは、歴史的、政治的、宗教的な問題で長年、敵対関係にある。

特に一九四七年に強行された英領インドからのパキスタンの分離独立以降は、カシミール紛争など、国境付近で領土を巡る衝突が幾度も起きている。

さて、核を用いるのはインドだ。パキスタンのモヘンジョ・ダロ付近の国境に落とす可能性が非常に高い。

モヘンジョ・ダロといえば、インダス文明最大級の遺跡であり、インドの叙事詩

『ラーマーヤナ』で核戦争を連想させる戦いが起きたとされる「古代核戦争説」が残る地だ。

インド・パキスタン間の紛争が起こるのは、次の項で見ていく第三次世界大戦の後。中国とアメリカの戦後処理のどさくさに紛《まぎ》れるかのようにして、悲劇が起こるのが視える。ただ、この紛争は二国間のみで収束し、周辺国に争いの火が広がることはないだろう。

さらに視ていくと、**スペイン**や**ポルトガル**あたりにも、放射性物質の影響を感じる。二〇三〇年代か四〇年代に、人的ミスで原子力発電所の事故があるのかもしれない。要は、放射能による被害を受けるとしたら、そのあたりだということだ。

また、可能性はごく低いが、**オーストラリア**も危ない。

一番の可能性として感じるのは原子力発電所の事故だが、もしかしたら、「原子力潜水艦が座礁《ざしょう》する」といった事故かもしれない。そうした気配をちょっと感じる。

それ以外の地域では、放射能の匂いはほとんど感じない。

「米中戦争」は起きてしまうのか

米中戦争は、起こる。

ここ十年くらいは要注意だろう。

台湾有事が引き金になると思われがちだが、そうではない。

フィリピン北端のバタン諸島と台湾南端との間にある「バシー海峡」と呼ばれる海峡で起きる「偶発的な事故」がきっかけになるだろう。

太平洋（フィリピン海）と南シナ海を結ぶ海上交通の要所であるバシー海峡は、航行する船舶も多く、軍事的にも重要だ。中国にとっては南シナ海から太平洋へ出ていく航路である。

ここで、中国とアメリカの軍艦同士が衝突する事故が起きる。しかも、それはニアミスといったレベルではなく、どちらかの船が大破するような大事故だ。

これは、故意ではなく本当に「偶然起こる事故」のようだ。だからこそ、どちらも譲《ゆず》らず、非難合戦となって収拾がつかなくなる。

中国にしても、戦争をする予定がないのにいきなり戦争が始まってしまい、真っ青になるのではないかと思う。「仕掛けられた」とすら感じるかもしれない。

こうした事態がここ十年くらいでありそうだ。

ただし、この戦争は短期で終わる。今回

フィリピン海を航行するアメリカ海軍。
近い将来、米中の軍事衝突は現実となってしまうのか——

視た感じでは、両国の落としどころはない。

アメリカが攻めているうちに、中国内陸部で蜂起《ほうき》が起こり、中国共産党は追い込まれていく。

◈日本の立ち位置——横須賀と沖縄は要注意

この戦争が始まって日本はどうなるかというと、神奈川の横須賀《よこすか》基地に何らかの攻撃を受ける確率は高い。米軍の基地だからだ。横須賀と沖縄は要注意だ。米軍基地がある青森の三沢《みさわ》も、攻撃を受ける可能性は高い。

ただ、第二次世界大戦の時の沖縄本土のように、兵隊たちが上陸してくるという可能性は低い。空中戦に終始しそうだ。

そうこうしているうちに、中国国内のあちこちからワーッと反乱の火が噴出し、中国が崩壊する様子が視える。そして最終的に中国は、南北に国が分裂するだろう。

今、中国人がものすごく日本の土地を買い漁《あさ》っているという。この事実を危惧《きぐ》する声も多い。

ただ、思い出してほしい。日本人は先の大戦の時、満州にたくさんの土地を持っていた。しかし敗戦と同時に、全てを手放すことになってしまった。土地だけは自国に持って帰ることができない。それと同じことが起こるだろう。


この米中戦争は、後に第三次世界大戦と呼ばれることになりそうだ。

ヨーロッパを巻き込むまではいかないが、世界に多大な影響を与えることになる。

各国で幅を利かせていた中国人は悲惨《ひさん》な目に遭うだろう。

中国の国外で生活していた人が、母国に戻らざるを得なくなるとか、国外退去させられるとか、そういうことが起こるように思う。

この戦争が始まってしばらくの間、中国という国はひどい目に遭うと思っている。

「毛沢東批判をせざるを得なくなる」ほどに。

「生物兵器」が使用される可能性は

生物兵器は存在するが、使用されることはない。

戦争の話になると、「生物兵器」が使用されはしないかとの懸念が出される。しかし、戦争で実際に使用されるかどうかとなると、疑問だ。

外務省のホームページにも記載があるが、生物兵器とは、天然痘ウイルスやコレラ菌、炭疽《たんそ》菌、ボツリヌス毒素などの生物剤を使用した、人や動植物に害を与える大量破壊兵器の一つだ。

使用された場合、自然発生の疾病《しっぺい》との区別が難しく、感染性のあるものは、その効果が広範囲かつ長期的に持続する。

消毒してしまえば証拠隠滅も可能で、開発・生産の現場を特定することが困難な兵器として、恐れられている。

◈持っていても「使えない」

開発をしている国は確実にあるだろう。ただ、仮に開発していたとしても**「使えない」**だろう。**「使わない」というのが正解**か。

なぜなら、生物兵器は意外なほど容易に製造できるが、一旦《いったん》使用されれば効果を消滅させるのは極めて困難だからだ。そもそも、その地域、その国を自分の領土とするために攻撃を仕掛けるわけだから、ウイルスや細菌を完全に無効化できるワクチンがなければ、結局、自分たちの首を絞《し》めることになる。

今回の新型コロナウイルスによるパンデミックがいい例だ。

アメリカ政府の関係者の間では「武漢《ぶかん》ウイルス研究所から流出した」という説が依然として根強く、「中国が生物兵器禁止条約に違反して、ウイルスを軍事転用する研究を行なっている」と非難していた。

真相は闇の中だが、コロナウイルスは西側諸国の経済を混乱に陥《おとしい》れ、医療体制を崩壊寸前に追い込んだ。そして、当の中国も都市封鎖を行なうなど、市民生活に多大な影響が生じている。

しかし、ここで考えてみてほしい。このコロナウイルスの蔓延《まんえん》で一番得をしたのは誰なのか？　言うまでもなく製薬会社だろう。数兆円レベルの儲《もう》けが出たはずだ。その利益の一部でも政治家やマスコミに渡せば、どんな論調・風潮もつくることは可能、ということだ。

私はコロナ騒動に関しては、いろいろな意味で本当に茶番だと思う。

「気象兵器」「地震兵器」は開発されているのか

「気象兵器」や「地震兵器」は現段階では存在しないし、つくられたとしても使用されることはない。

気象兵器や地震兵器の存在については、端的に言うと技術的に存在し得ない。地震兵器についていえば、水爆など核弾頭を使わなければ、地殻は動かせない。陰謀論の中には、HAARP（ハープ）という強大な電磁波が出せる地震装置が極秘裏に開発され……といった話もある。

しかし、仮にそうした兵器が開発されていたとしても、地球に相当のダメージを与える危険性を持つ兵器であり、自国に与える影響も計り知れない。

普通の感覚なら、おいそれと使えないはずだ。

◈ベトナム戦争の頃から確立されていた技術

気象兵器に関してはどうか。

例えば、ある地域に雨を降らすくらいは可能だろう。こうした技術はベトナム戦争の頃から、すでに確立されていた。

その応用で、ある地域の天気を一時的に晴れにすることもできる。例えば、北京オリンピックの開会式当日夜、北京の天気予報は「雷雨」だった。しかし、中国は北京市内や周辺都市からロケットを雨雲に打ち込む「人工消雨作戦」を実施して天気を晴れにしてみせた。

この程度のレベルであれば可能だ。

では、**台風レベルで気象を操ることができるか**というと、それは今の技術ではまず無理だ。まして、ピンポイントで一国だけに大ダメージを与える大雨を降らせることは不可能だろう。

気象装置を「兵器化」するのは、今の技術力ではまだ無理だ。コストとリスクを考えれば、ダムにミサイルを打ち込むほうが容易に甚大な被害を与えられるだろう。


ちなみに現在、世界の人工降雨装置市場は急成長をしているようだが……雨量を思ったとおりに増やすのは、なかなか難しいとも聞く。

日本でもかつて、渇水《かっすい》対策として東京都の小河内《おごうち》ダムで「人工降雨装置」が用いられたことがあるが、さほど雨量は増えなかったようだ。

取水量を増やしたいのであれば、コストの問題はあるが、海水を真水にするほうが手っ取り早い。

サウジアラビアなど、金銭的に豊かなアラブの国では、海水を汲《く》み上げて真水をつくり、畑に用いているそうだ。パイプラインを引き、海水を真水にして流せば水が欲しい場所に供給することができるから、こちらのほうが雨を降らせるよりもよっぽど効率的だろう。

北朝鮮の「体制転換」はあるか

朝鮮半島の南北が統一される可能性は高い。

早くて二〇二五年頃には、**北朝鮮の内部崩壊**により、何らかの動きがありそうだと私は睨《にら》んでいる。

先にも書いたが、妹の金与正氏の露出度を考えると、金正恩総書記はすでに他界している可能性もあると私は思っている。

近頃では妻や子と共に、にこやかに振る舞う映像も流れているようだが、間違いなく影武者だ。金正恩が亡くなったことが知れ渡ると、「金王朝」は確実に崩壊する。

そのため側近が影武者を使い、メディアに露出させることによって権力が安泰だと誇示しているにすぎない。

しかし、いよいよ、飢えに苦しむ軍人らが蜂起をしそうな匂いを感じる。

さて、北朝鮮と統一しても負担ばかりがのしかかりそうな韓国だが、メリットはある。**北朝鮮が保有している「核」をそのまま手に入れることができる、**という点だ。

もちろん、北朝鮮を併合すると同時に、韓国のＧＤＰ（国内総生産）は極端に落ちる。韓国国内では、「北朝鮮を併合したら、いつか日本のＧＤＰを追い越すのではないか」と期待する声もあるようだが、併合しても当分は厳しそうだ。

ドイツも、東西が統一した当初は大変だった。今、ＥＵ内では「ドイツは一人勝ちしている」とか、「新たなドイツ帝国の出現だ」などと、その経済力が強調されることも多いようだが、実際のところは、そこまでのパワーはない。

ベルリンの壁が崩壊し、東西ドイツが統一されたのは一九九〇年十月のことだが、三十年以上が経った今でもなお、旧東ドイツと旧西ドイツの間には文化的、経済的格差が存在するという。

「社会主義の優等生」と言われた東ドイツとの統一でさえ、ことは簡単ではなかったのだ。
韓国と北朝鮮の統一となれば……格差が生じるどころか、北を支えきれずに韓国経済は崩壊の危機に直面するだろう。

◈なぜ「容易に手出し」ができないのか

コロナ禍の始まる頃から「影武者説」などがささやかれていた金正恩だが、当時はたまに朝鮮中央放送で「本物」の姿を見ることもあった。しかし、今の〝金正恩〟は顔も、歩き方も違う。私に言わせれば、何よりも「背後霊」が違う。

「金正恩の異母兄で、クアラルンプールで暗殺された金正男《ジョンナム》の息子、漢率《ハンソル》氏をリーダーに立ててクーデターなどを起こせないのか」

といった話を耳にすることもある。しかし私が霊視した漢率氏は、運気的にそのような立場を担《にな》うことは難しそうだ。

北朝鮮は核兵器を持っているから他国も容易に手出しができないだけだ。

クーデターを起こすことで北朝鮮の現体制を崩壊させ、正常な国交を結んだとしても、どの国にもメリットは少なく、デメリットのほうがはるかに大きい。

中国にしても、アメリカにしても、ロシアにしても、「自分の国が面倒を見るのはごめんだ」と思っているから、決定的な一手を打たずにきているにすぎない。

とはいえ、**韓国と北朝鮮が統一されるのは、さほど遠い未来ではない**と思う。このままいけば北朝鮮が内部崩壊しそうだからだ。何かをきっかけに民衆が蜂起したら、恐らく、その流れは止まらないだろう。

ただ、これまでもクーデターを起こそうとロシアに逃げた「人民」もいたそうだが、捕まって殺されたという話を聞いたこともある。

いずれにせよ北朝鮮問題は、一筋縄ではいかないことだけは確かだろう。

「日韓トンネル」は完成するか

「日韓トンネル」が完成することはない。

資金的にも技術的にも無理だ。

安倍晋三元首相の銃殺事件を受け、旧統一教会（世界平和統一家庭連合）による献金強要問題など、反社会的活動の実態が明るみに出た。

それに伴い「日韓トンネル」と呼ばれる計画がメディアで報じられた。

日韓トンネルとは、その名のとおり、日本と韓国とを海底トンネルで結ぼうという計画だ。韓国の釜山《プサン》から対馬《つしま》、壱岐《いき》を経て佐賀県の唐津《からつ》市に至る総延長二〇〇キロメートルを超えるトンネルをつくるという一大事業構想である。

一九八一年に旧統一教会の創始者が提唱し、教団などが推進してきたという。戦前に似たような構想があったようだが、かかる費用と利便性が見合わないということで、立ち消えになっていた。

「国家プロジェクトレベルの計画」がぶち上げられたワケ

それにもかかわらず、旧統一教会が四十年ほど前に目をつけ、「東アジアの連携を強める」という名目で、「日韓トンネル計画」を推進し始めた。

理由は他にも様々挙げられているが、私は単に**「献金集め」の口実**に据《す》えただけにすぎないと思っている。

安倍元首相の悲劇的な死を受けて、「日韓トンネル」が実際に掘り進められている映像も報じられ、「日韓トンネルは本当にできるのか」という質問を何回か受けた。

断言しよう。

日韓トンネルがつくられることはまず、ない。

日本の閣僚からも「荒唐無稽《こうとうむけい》」などの声が上がっているようだが、実際、日本にとっては何ら旨味《うまみ》がない。

乗り気な韓国では、「資金は全て日本に出させろ」などと言われているというが、こんな国家プロジェクト的な計画を、政府が絡《から》むことなく完遂《かんすい》できるわけがない。

しかも、ほとんどの日本人が「NO」をつきつけるだろう。技術的には、一世紀以上先だったらあり得るかもしれないが、今の技術では無理だろう。

ちなみに霊視もしてみたが、数世紀先でもトンネルの姿は視えなかった。

次の「アメリカを率いる者」は？

ドナルド・トランプ氏が、二〇二四年のアメリカ大統領選挙で「大統領に返り咲く確率は高い」と思う。

前回二〇二〇年の選挙も、「本当はトランプ氏が勝っていた」と信じるトランプ支持者は多い。実際、トランプ氏好きのアメリカ人は想像以上に多いのだ。

あの選挙では、トランプ氏の当選に不利に動く様々な工作がなされたとの憶測《おくそく》が流れた。

そのどれも、完全には否定できないと私は思っている。

さて、トランプ氏が大統領に返り咲いたとして、あれだけパワフルな人物だ。

日本の政治家で彼と対等に渡り合える人物がいるかとなると、正直言って厳しいと思う。政治は信頼関係が何より重要ともいうが、トランプ氏と信頼関係を築くことができる政治家が今の日本には見当たらない。

極論だが、安倍氏が生きていたらと思う。また、安倍氏に地盤を継いでくれる息子でもいれば、「おぉ、シンゾーのジュニアか」といった具合に、うまくいったかもしれないが……。

2019年に開催されたG20大阪サミットでのトランプ大統領と安倍首相との蜜月フォト

政治でも外交でも、国家の行く末を左右する重要な案件ほど、最終的には「信頼関係」が大きくものを言うものだ。

日本がアメリカと共闘できる理由

ただ、日本がアメリカにないがしろにされることは今後もないだろう。

アメリカには潜在的に、日本に対する恐怖心があるからだ。それは太平洋戦争中、あれだけの国力差がありながらアメリカと戦争を続行できたことへの畏怖《いふ》だ。

物量的な面から見れば、日本は一九四四年四月には敗戦になる計算だったともいわれる。にもかかわらず、そこから一年以上「気合と根性」でやり合った。

そして敗戦後も、日本は急速に復興を成し遂げた。

日本にF‐2（エフツー）という戦闘機がある。これはアメリカのF‐16を日本の運用方法や地理的な特性に合わせ、日米共同で改造・開発した戦闘機だ。では、なぜ共同開発が行なわれたか。

それは、日本の技術を提供させるためだ。日本の技術力はそれほど高い。アメリカはそんな国と敵対したくないのだ。

それにもかかわらず、現在の日本人は、「日本はヤバい」と国外脱出することを考える人が少なくない。「日本の強み」を認識できないことのほうが、よほど「ヤバい」と私などは思うのだが……。

◈アメリカの「分断」の行方

アメリカの「分断」は、今後も広がりを見せると思う。

白人層と黒人層の分断、富裕層と低所得者層の分断など、価値観の違う集団が決して混ざり合うことのない社会の現実を、ここ数年まざまざと見せつけられたと思う人は多いだろう。

これは、ある程度は仕方がない。ＳＮＳによって個人の意見を発信しやすくなった、という社会状況もある。

コロナ騒動にしても、ワクチンを打つか打たないかで国内が二分されてしまった。マスクをつける、つけないにしてもそうだ。

これまでは、マスコミが「右に行きましょう」「正しいのは左です」と、情報や世論の形成をある程度、コントロールしてきた面もあると思う。

それがインターネットやＳＮＳの出現で、「不都合な真実」が暴《あば》かれるようになってしまった。

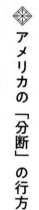

ここで恐ろしいのは、インターネットは「自分の見たい情報ばかりが集まってきやすい」特性がある点だ。これを「エコーチェンバー」というそうだ。

自分に興味や関心のある情報にだけ接し、異なる意見、見解を寄せつけない人が増加している。私自身、雑談をしていて、「この人は、極端な考えに凝《こ》り固まっていて、視野が狭くなっているな」と感じられる人も少なくない。

霊感を使って相談者の開運相談をする時もそうなのだが、**何事も「バランス」が大切**だ。「現実世界」を知るために、私もあえて霊感のスイッチをオフにしてニュースなどを見るようにしているが、それは、バランス感覚を失わないためだ。

日々、一般的な情報も意識して仕入れておかないと、世間からズレてしまうからだ。

日本にもアメリカほど極端な格差はないものの、「勝ち組・負け組」といった言葉がある。

ただ、最近は、〝あきらめることが美徳〟のような考えが若者を中心に広がっていると感じる。

我々の世代が若い頃には、「何がなんでも出世！　上を目指せ！」と、とにかく突き進んでいくがむしゃらさが評価されたし、そうした価値観で頑張ってきた人も多かった。

しかし、今は、

「管理職になっても忙しくなるばかりで、残業手当もつかない。自分のやりたいことをセーブしてあくせく働くよりは、平社員のまま生活に困らないだけのお金をもらって、プライベートを重視して生きていったほうが人生、得なのではないか」

といった考えが主流になりつつあるそうだ。

どちらが「いい・悪い」という話ではない。自分で「納得できるか、できないか」というだけのことだ。

ただ、好きなことを極めて何かのスペシャリストになることができていれば別だが、「楽な道」ばかりを選んだ人が、果たして充実した人生を送ることができるかは疑問だ。

「アメリカの覇権」は今後も続くか

当分の間、世界を牽引《けんいん》していくのはアメリカだ。

十九世紀、世界のリーダーはイギリスだった。二十世紀がアメリカで、では二十一世紀は……などと言われているが、**アメリカの覇権的な地位は揺るがない**。

ＥＵ（欧州連合）には、アメリカに取って代わるパワーはない。

「二十一世紀は、アジア・中国の世紀だ」という話もあるが、果たして中国経済がそこまで伸びるかというと、疑問だ。

私は「中国は自滅する」と思っている。実際、そのように視えている。

では、二〇二三年中にも、人口が中国を抜くというインドはどうか。中国よりはまだ世界をリードしていく可能性が高いが、宗教やカースト制度の問題もあり、現実的には難しいと思う。

インドは近年、ＩＴ系の優れた技術者・経営者を輩出しているが、それはカーストの呪縛《じゅばく》と関係がない新しい業種だからだ。

ブラジルやインドネシアなど、新興国を視ても、いささか弱い。アメリカを超える国がないのではなく、代わる国がないということだ。

◈ドルの「基軸通貨の座」は変わらず

また、ドルが基軸通貨の座からすべり落ちることも、当分はないだろう。

インフレによって記録的な物価高に呻吟《しんぎん》しているアメリカだが、そのことで小恐慌は起こるかもしれないが、大恐慌は起きない。リーマンショックの時のような株価の暴落も起こらない。

米ドル優位の状態はこのまま続くだろう。

理由は一つ。ドルに代わる通貨が出てこないからだ。

中国の元《げん》にしても、ヨーロッパのユーロにしても、米ドルの代わりには到底なり得ない。

前述したとおり、第三次世界大戦が起きたとしても、アメリカの勝利で終わる。結果、米ドルの価値は、少なくとも今世紀中は下がらないだろう。

中国共産党の支配はどこまで続くか

中国共産党の崩壊は、遠くない未来にある。

ロシアよりも中国のほうに「新しい動き」が早く起きることになる。

そして、中国が台湾へ侵攻することは、現段階ではない。「したいけれど、できない」といったところが正しいだろうか。

アメリカが中国の動きを牽制《けんせい》しているということもあるが、**中国が台湾を攻めきれない大きな要因は「海がある」こと**だ。

台湾に攻め込んでいける船が中国にはないのだ。もちろん、中国は航空母艦をいくつも所持しているし、現在も製造し続けている。南シナ海などで軍事訓練もしているようだ。

しかし、攻守を考えた場合、海を介すると攻撃側があまりにも不利になる。航路では攻撃を計画している地に辿《たど》り着くまでに時間がかかり、天候次第では海が大荒れになる危険もある。海が「天然の要塞《ようさい》」と称される所以《ゆえん》だ。

中国にしても、「勝てない戦い」はしない。だから、台湾問題に関しては、外交的にゆるりゆるりとやろうとしている。


国家主席として異例の三期目に突入した習近平《しゅうきんぺい》の肝入《きもい》りで推し進めていた「一帯一路《いったいいちろ》」プロジェクトが失敗したことも大きい。

二〇一三年に提唱された一帯一路とは、簡単に言うと、中国を起点にした「現代版シルクロード構想」だ。

この一帯一路、アジアとヨーロッパを結ぶ鉄道を敷いて陸路でつなぐ「シルクロード経済ベルト」(一帯)と、インド洋一帯に港湾を置く海路の「二十一世紀海上シルクロード」(一路)から成り、これによって中国の貿易をより活発化させようとしたのだが……。

異例の第３期目に突入した習近平国家主席。
国内外で難しい舵取りを迫られている

その港湾開発は中国の軍事上の必要から行なわれているものだと反対する国も少なくない。

また、インフラ整備に多額の投資費用がかかり、参加を表明した国とのトラブルも続き、頓挫《とんざ》しかかっている。

こうした中国の動きを見ていると、戦前の日本を思い出す。軍備を拡張し続けた結果、味方が消え、四面楚歌《しめんそか》になってきているのだ。

アフリカや中東の国々とは友好関係を築いているように見えるが、それは多額の経済支援をしているからにすぎない。中国からの経済的見返りがなくなった時、これらの国がどう動くかわからない。

◈内部崩壊に至る因子

前述したとおり、中国はアメリカとの第三次世界大戦によって、南北に国が割れる。その時、**中心となるのは、「北京《ペキン》」と「上海《シャンハイ》」**だろう。そして、チベットやウイグルなど、現在、「自治区」と呼ばれている地域は独立する。

発端は中国とアメリカの戦争だが、やがて中国で内乱が起き、政権が崩壊する。そして、アメリカと中国が和平条約を結ぶ光景が視える。

今後、共産党幹部たちは大変なことになるだろう。

中国は一枚岩ではなく、内部に多くの火薬庫を抱えている。戦争が始まって戦局が悪くなれば、一気に国がひっくり返る。

この時、宗教が絡んでくる。中国の面白いところは、こうした時に必ず宗教、そして農村部が絡むという点だ。

元末期の一三五一年に起きた「紅巾《こうきん》の乱」も、清の頃に起きた「白蓮《びゃくれん》教徒の乱」

（一七九六〜一八〇四年）も、白蓮教徒を中心とした農民反乱だし、「太平天国の乱」（一八五一〜一八六四年）も、地方部に住むキリスト教的宗教結社が起こした反乱だ。

白蓮教徒の乱や太平天国の乱は、清朝を倒すには至らなかったものの、相当のダメージを与えた。

宗教といえば、一九九九年頃から中国は気功集団「法輪功《ほうりんこう》」を撲滅《ぼくめつ》しようと信者たちを激しく弾圧し、国際問題になっているが、これは中国の宗教に対する恐怖心の裏返しでもある。この法輪功の発祥の地、中国吉林《きつりん》省も、西部が内モンゴル自治区、東部がロシア、東南部が北朝鮮と接する、農村部だ。

ちなみに、中華人民共和国の〝建国の英雄〟であり、文化大革命を推進した残虐な独裁者でもあった毛沢東は湖南《こなん》省の農村部出身で、農民暴動の組織化に努めたことで知られている。

そして、私が予知する中国共産党の体制転覆《てんぷく》の引き金となる民衆の暴動も、都市部ではなく、必ずや農村部から起こるだろう。

さて、この局面での中国の国家主席は習近平氏ではなさそうだ。彼は四期目の続投に意欲を燃やしているようだが、四期目を迎えることなく、健康面の問題で現在の地位を退くことになりそうだ。

私が予知している米中戦争時、中国軍の指揮を取るのも彼ではない。習近平はロシアのゴルバチョフよろしく、権力闘争の果てに幽閉されるような未来もうっすら視える。海外へ亡命する可能性も少なくはない。

この中国の国難に対する友好国の動きだが、例えばロシアは中国の農民暴動の鎮圧《ちんあつ》に対して、中国共産党政府に力を貸すことはなく、静観するはずだ。西側諸国に対抗する手前、「協調路線」を取っているように見せているが、中国とロシアは実は仲が悪いからだ。

ロシアはこのまま大国でいられるか

ロシアはこの先、「自称」大国という立場になるだろう。

石油や天然ガスなどのエネルギー資源の輸出大国であることを背景に、今後も周辺国に対し、一定の影響力は維持するはずだ。

霊視によると、ロシアは今回のウクライナとの戦いで、ウクライナを併合できずに終わる。しかし、この戦いが原因となってロシアの国土が分断されることもない。

ただ、世界一広い領土を誇るが故《ゆえ》に、あまりにも広すぎることの弊害が徐々に出てくる。長い時間をかけて縮小していかないと維持ができない。

ソ連の解体がどのようにして起きたかを思い返してほしい。ソ連は当時、ロシア、ベラルーシ、ウクライナ、バルト三国、アルメニア、アゼルバイジャン、中央アジアのカザフスタン、ウズベキスタンなど、十五の共和国から構成される中央集権国家だった。

ペレストロイカの流れを受け、ソ連邦を構成する各共和国の主権を大幅に認める条約が結ばれようとしていた矢先、その調印に反発したソ連共産党の保守派が、一九九一年八月十九日にソ連のゴルバチョフ大統領を軟禁するクーデターを起こした。

しかし、ロシア共和国のエリツィン大統領を先頭にモスクワ市民が保守派によるクーデターに抵抗し、たった三日であえなく失敗に終わってしまう。ソ連共産党の権威は地に墜《お》ち、ソ連邦を構成する共和国のすべてが独立を宣言する事態となり、ソ連は解体されることになったのだ。

先にも書いたが、ロシア国内にあるロシア人以外が多く居住する共和国や自治州も、ソ連解体当時の各共和国と同様の道を辿りそうなのだ。

また、今回のウクライナとの戦争で、世界中がロシアに対してNOを突きつけやすくなってしまった。今、西側諸国と必ずしも足並みをそろえていないインドなども距離を置き始めるかもしれない。

また、これまで親ロシアだった旧ソ連の国々、例えば中央アジアのカザフスタン、さらには親ロシア路線を貫いているベラルーシまでもがロシアに見切りをつけると思う。そうなったら、ロシアは国としては終わりだ。

◈北方領土が返還される未来

一方で、日本とロシアとの関係でいえば、いい意味でも悪い意味でも大きな進展は見られないだろう。トヨタ自動車をはじめ、日本企業の多くが、今回の戦争で取り引き停止や撤退を決定しているが、私が視たところ、**「本音」と「建前」は大分違う**ようだ。私たちが知らないところで、日本はロシアにそれだけ依存している一面もあるということだ。

また、ロシアが北海道に攻め込んでくるといったこともない。そもそも現実的なことでいうと、ロシアには北海道に攻め込める船がない。また、台湾と中国との関係と同様で、アメリカが公然とバックについている国、日本と海を渡ってまでして一戦を交えても、メリットはほとんどない。

そして、北方領土が日本に返還される未来も視えない。

ロシアとウクライナの戦いの決着がついたらひょっとして……などという楽観的な声も聞くが、無理だと思う。

確かに、ソ連崩壊を**「二十世紀最大の地政学的な大惨事」**と表現するプーチン大統領が政権の座を去り、大国主義的な政治体制が崩壊したならば、返還のチャンスがないとは言い切れない。しかし、それが、ここ数年のうちに現実味を帯びるかというと微妙だ。最短でも二十年以上先になるだろう。

初代ツァーリ（皇帝の意。ロシア革命までのロシアの君主をさす称号）のイヴァン雷帝から始まり、ソ連の独裁者スターリン、そして帝国の復活を夢見ているかのようなプーチン大統領と、専政君主と独裁者ばかりの印象が強いロシアの政治風土は一朝一夕には変わらないだろう。

ちなみに、ロシアの今後の鍵を握《にぎ》るプーチンの未来だが、「二年後が要注意」と視えた。そこを乗り切れば八年間は政権に居座ることができるだろう。ただ、近年は「本物」の彼の姿をメディアで見ることは、ほとんどできていないのだが……。

「食糧問題」は深刻化するか

太陽の表面で起きる大爆発、太陽フレアが原因による食糧問題が、遠からず起きる。太陽フレアが発生する時、強い放射線や、電気を帯びた粒子《りゅうし》が放出される。実は、この太陽フレアよりはるかに規模の大きい**「スーパーフレア」**というものが起きるのではないか、ということが懸念されている。私が視たところ、その可能性は高い。

もし、スーパーフレアが太陽で起これば、地球に及ぼす影響は甚大だ。磁気嵐や停電、通信障害、人工衛星の故障などが起き、私たちの日常生活が大混乱に陥《おちい》る可能性がある。

もちろん、農作物への影響も甚大で、特に小麦、あるいは米が大打撃を受ける確率が高い。具体的には、太陽フレアが原因で、収穫量が激減する。例年の収穫量の六〜

七割まで落ち込む可能性がある。収穫をしても中身がスカスカという現象が、小麦か稲に起きるだろう。

◈アメリカの大農場が大打撃

この現象は、もちろん日本だけではなく世界中で起きる。特にアメリカの被害が甚大で、大農場系は大打撃を受ける。そのために食糧危機が起こる可能性がある。ただ、長期化するということはなく、二~三年で食糧問題は収束するだろう。

この食糧危機は、米中の第三次世界大戦の五年ほど前に起きるだろう。歴史を振り返ってみても、「争いの前に食糧危機が起きる」ケースは珍しくない。

「明日の食料に不安がある」というのは、人のメンタルに確実に影響を及ぼす。

普通、人間はお腹いっぱいで満たされていたら、戦争を起こそうとはなかなか思わないものだ。

Column

「ベルリンの壁」崩壊の思い出

今でも覚えている。

二十歳の時、友人の通う大学の学園祭で、五百円という料金で手相見をしていた。

すると、女性三人組がやってきて、自分たちの手相も見てほしいと言われた。

彼女たちの手相をパッパッパッと見たところ、急に彼女たちが真剣な表情になった。

「あなた、どこで勉強したの?」

と聞かれたので、

「五味康祐《ごみやすすけ》の手相の本を読んだだけだ」

と答えた。

すると、手相を見せてほしいと言われ……。

「あなた、才能あるからプロになりなさい」

と言われた。なんと、この女性三人組はプロの占い師だった。

帰宅後に母親に顚末を話すと、

「実は、私もいろいろなものが視えた」

と語り始めるではないか。

この時、初めて「ああ、自分にいろいろと不可思議なものが視えてしまうのは、遺伝だったのか」と思った。

よくよく聞くと、霊能力を持つ家系なのだという。

それを聞いて、毎晩金縛《かなしば》りにあっていたことにも合点《がてん》がいった。中高生の頃は、毎晩女性の霊が出てきて、笑い声を聞かされたり、首を絞められたりしていたのだ。

だから、私は未だに仰向けで寝たことがない。ベッドの上では、いつもうつぶせだ。うつぶせで寝ると、霊に首を絞められずにすむからだ。

その頃は、霊は視えても祓えなかったし、父親が医者だったので、こんな話をしても、

「お前、頭がおかしくなったのか？」

と、一笑に付されるだけだろうと思っていた。

その後、ふとよぎったビジョンが現実になることに気づいた。

忘れられないのは、人に「当たっていた！」と驚かれた一九八九年十一月の**「ベルリンの壁」崩壊**だ。

壁が壊れる前年に、あるビジョンが瞬間的にフッと降りてきた。

「え、これ、ベルリン？ どうしてみんな壁の上に登っているんだ？」

そう、ベルリンの壁が壊された当時、テレビの報道番組などでよく流れていた、つるはしを持った人がベルリンの壁の上に登っているシーン、あれがドンピシャで視えたのだ。

その時は、

「まさか、壊すの？」

と驚き、思わず霊視をした。何度視ても、「壊す」と出た。そして、一九八九年になると、本当にベルリンの壁は打ち壊された。

「自分って本当に、未来も視えているんだな」
と、確信した瞬間だ。

その後、私は一九九一年にモスクワで起きた八月クーデター（ソ連の改革派のゴルバチョフ大統領に対し、ヤナーエフ副大統領ら保守派がクーデターを起こしたが、ロシア共和国のエリツィン大統領らの抵抗により失敗。ソ連崩壊へとつながった）も当てていたようだ。

実はこの予言は、日本テレビの生放送番組で発信していた。そのため、実際にモスクワでクーデターが起きた時は何人もの友人から、
「エスパー、テレビで言っていたこと、当たったよ！」
と、連絡があった。

この時のことはぼんやりと覚えている。霊視をしていて、脳内にモスクワ市内を走る戦車の姿が視えた。

当時のロシアは、ソ連のゴルバチョフ大統領が推し進めるペレストロイカに対し、自由を歓迎する市民と急激な変化を受け入れられない市民との間で対立が生まれてい

た。そのため、モスクワで軍事的な衝突が起きるとしたら、クーデターだなと感じたのだ。

この番組では、一九九一年に行なわれた都知事選も当てた。

当時、四期目を目指していた鈴木俊一氏は八十歳になっていた。そのためこれまでバックにいた自民党本部が推薦を出さず、別の候補者を擁立《ようりつ》していた（自民党都連は鈴木氏を支持）。

さすがに四期目はないだろうという空気が流れている中、私は、

「もう一回、鈴木さんが都知事をすると思う」

と発言していたのだという。

いずれも友人から「当たったね」と聞かされて、今でも印象に残っている出来事だ。

3章

混迷を深める日本に待ち受けるもの

……私たちにもたらされるのは希望か絶望か？

M8クラスの「首都直下型地震」そのカウントダウン

一九二三年に発生したマグニチュード七・九の関東大震災クラスの「首都直下型地震」が今世紀中に起こる可能性は視えない。霊視をしてみると、関東一円が地震による被害を受けている様子が視えないからだ。

また、街を歩いていて、**「死相」**が出ている人もほとんど見ない。

「死相」に関連して、ここで、太平洋戦争中に軍部に徴用された人相見《にんそうみ》、水野義人という人物について紹介したい。彼は、「死相」を見ることができた、一種の天才だ。

太平洋戦争中、日本の「陸軍中野学校」では諜報活動や秘密戦に関する教育を行なっていた他に、霊能力者も集めていたというウワサがあると前述した（52ページ）。

実際、太平洋戦争開戦時、陸軍大将であり日本の最高責任者だった東条英機《とうじょうひでき》は、開戦にあたり「裏の先生」に相談していた、という有名な都市伝説もあるくらいだ。

当時のトップがどこまで「裏の先生」に頼っていたのか、ことの真相はさておき、この水野義人という人相見が、海軍から特攻隊のパイロットを選別するために徴用されていたのは事実のようだ。

彼は人の顔つきや骨格のつくりを見て、「特攻隊に向く・向かない」を、甲《こう》、乙《おつ》、丙《へい》の三段階で判別していたというのだ。

彼は一九四五年三月の段階で、日本の敗戦を言い当てている。というのも、特攻隊員の顔から、ある日、死相が消えたのだそうだ。「特攻隊員が死なない」ということは、飛行機が飛ばない、つまり戦争が終わったということだ。

彼が手相・骨相に興味を持ち始めたのは、関東大震災がきっかけだという。子どもの頃、銀座を歩いていたら、死相が出ている人が多い。そのまま下町のほうへ歩いて行くと、死相が出ている人がどんどん増えた。

「あれだけたくさんの人に死相が出ているんだから、これは地震だろうな」

と、当てたのだそうだ。

水野は、太平洋戦争の開戦も当てている。東京の街で、夫を失う「後家相《ごけ》」をした女性がいきなり目につくようになったのだという。

「ああ、これは地震ではなく戦争が始まるんだな」

と感じたのだそうだ。

水野義人は、とても鋭い才能を持った人相見だったが、後継者がいなかったため、残念ながら彼のノウハウは絶えてしまった。本当に惜しいことだと思う。

最も警戒すべきは南海トラフ地震

私も死相の有無で、危機を感じることがある。

人相見にしろ、霊能力者にしろ、ある一定の能力まで達すると、**「死の匂い」**は、明確にわかるようになるものだ。

ちなみに今、日本全国を見渡しても、大勢の人々の死の匂いがする場所はない。電車に乗っていても、若い人から死の匂いを感じることはまず、ない。

とはいえ、個人差があるが、死相はだいたい三カ月前くらいから現われ始める。早くて半年前くらいから現われる人もいるが、一年前から出ているということはまずない。

私が視たところ、首都直下型地震は今世紀中、少なくとも二〇二四年までの間は起こらないと思う。また、「富士山の噴火はどうですか?」ともよく聞かれるが、こちらも二十一世紀中はないだろう。

ただ、もし、二〇二四年に入ってから、街を歩いていてすれ違う人たちに、「あれ? 死相が出てきたぞ」と感じたら、必ずどこ

首都を直撃したマグニチュード7.9の関東大震災。
「死相を持つ人」が現われ始めたら要注意だ

かで発信したい。

「死相が出ている人が増えてきたから、しばらくは安全な場所（死相を持つ人が少ない場所）へ避難したほうがいい」

と。

避難ができない状況だったとしても、備蓄品を増やしておくなどの対処はできるはずだ。


ちなみに、日本に大地震が来るとしたら、次は間違いなく**南海トラフ地震**だ。危険なのは、名古屋のあたり。愛知県の知多《ちた》半島と三重県南部付近にエネルギーが溜まっているからだ。

私が視たところ、知多半島のあたりは強いエネルギーが溜まっている。

それでも、そのエネルギーが爆発するのは三十年後くらいかなとは思う。

数字で言うと二〇五七、二〇五八と出た。だから、三十年以上先の話になる。

南海トラフ地震レベルではないが、他に大きな地震が来そうなのは九州だ。

本当に大きい揺れとなると、福岡だ。福岡・大分あたりが要注意だ。北海道も要注意だ。樺太《からふと》に近いあたりに強い揺れが起きそうだ。浮かんできた数字から類推すると、福岡は三年後、大分は十年以内、北海道は五年後、稚内《わっかない》あたりに大きな揺れが来ると思う。

ただ、起きたとしても「未曾有の」というほどではない。

だから、私はよく言う。

「地震よりミサイルが飛んでくる心配をしたほうがいいよ」

と。

前述したとおり、最終的に米中戦争が起こると思っているからだ。

東京に関しては、横田基地などは要注意だが、居住地にミサイルが落とされる可能性はほぼないと思っていい。だが、米軍基地がある横須賀あたりは、特に危ないと思って警戒している。

二〇二五年七月に「本当の大災難」は起こるのか

最近、人からよく、

「たつき諒《りょう》さんの『私が見た未来』っていう漫画、読んだことがありますか？」

と聞かれる。読んだことはないが、話題になっているのは知っている。

「二〇二五年の七月に日本を未曾有の大災難が襲う」

という未来予知について描かれたもので、作者が夢で見た様々な出来事が現実になっているという。

結論から言うと、二〇二五年七月に日本に大災難は起こらない。私には、そうした未来は視えない。

読んでいない人もいるだろうから、詳しい言及は避けたい。

ただし、こうしたセンセーショナルな予言は、当たらないことがほとんどだ。

例えば、難病治療を行なった心霊診断家、予言者として知られるエドガー・ケイシー（一八七七～一九四五年）も「日本が沈む」と言っていたようだが、当たっていない。

大破局とか、人類滅亡とか、日本沈没といったセンセーショナルな言葉は人々の耳目を集めるし、実際、本人たちにはそう見えたのかもしれない。

だが、私が視たところ、二〇二五年の七月に日本に大災難が降りかかっている様子はない。

◈漫画家には「視えている」人が多い

それでも、**漫画家の中には、未来が視えている人が多い**と思う。

「この事件は、実はこの漫画に予知されていた」といった記事を目にすることもあるからだ。

私が「視えていただろう」と確信しているのは、**手塚治虫**だ。

彼のライフワークと位置づけられる『火の鳥』などを読むと特にそう思う。古代から遥か未来まで、地球そして宇宙を舞台にして描かれるスケールの大きな作品だが、特に古代日本のヤマタイ国が舞台の黎明《れいめい》編を読んでいると、「この人は、絶対に視えていたな」と、ヒシヒシと感じる。

ある時、友人の渡辺広勝氏が、食事をしている時に、

「手塚治虫って、実は視えていたのではないか？」

と、真顔で言い出した。彼は地底レーダー調査技師として、ツタンカーメンの墓をはじめとする古代遺跡の調査・解析をしてきたスペシャリストだ。人類の文明・文化の発達、人間はどこへ向かっているのかについて、常人とは違う洞察力がある。その彼が、

「黎明編の古代の祭祀《さいし》の様子が、見てきたとしか思えない正確さなんだよ」

と言うのだ。私も手塚治虫の作品、特に『火の鳥』においては同様の印象を持っていたので、「なるほどな」とうなずいた。

ジュール・ヴェルヌというフランスの作家がいた。代表作は『十五少年漂流記』『海底二万里』『地底旅行』だといえば、子どもの頃に読んだことがあるという方も多いだろう。

ヴェルヌの本を細かく読むと、当時からすれば荒唐無稽だっただろうが、彼が「未来はこうなる」と書いたことはだいたい当たっている。

ゼロから何かを生み出せる人は、少なからず何かから、あるいはどこかから霊感《インスピレーション》を受けているのだろう。

「スーパー台風」が襲うのはどこか

近年、世界的にも異常気象のニュースがメディアを賑《にぎ》わせている。日本でも線状降水帯の発生等による局地的な大雨により、各地で土砂災害や洪水災害が頻発《ひんぱつ》している。

こうした報道を見るにつけ、通常の台風よりはるかに強い勢力を持ったスーパー台風が襲来したら……と、その被害を恐れる心情はわかる。

しかし、私が視たところ、台風は毎年、やってくるだろうが、どこにも甚大な被害を受けている様子はない。少なくともここ十年くらいの間は、「想定の範囲内」の台風が来る、といったところだろう。

自然災害よりも恐れるべきは……

そもそも、台風をそこまで恐れる必要はないと私は思っている。もちろん、沿岸部や山間地域に住んでいる方は気象情報に十分に注意し、必要があれば早めに避難するなどの対策を怠《おこた》らないでほしいが、台風でビルが大破したり、街が更地《さらち》になったりするなんてことは、まずないからだ。

それよりも恐れるべきは戦争だ。**台風よりも、戦争の心配をするほうが現実的だと私は思う。**

戦争が始まれば、ミサイルなどによる物理的な被害を受けなくても、経済がまず一気に冷え込むだろう。人のメンタルに及ぼす影響もかなりのものだ。

身近な例で言うと、「娯楽品、嗜好《しこう》品を買おう」「旅行に出かけよう」という気分にならないから、景気はシュリンクするだろう。

巨大地震にしても、直接の被害を受けた地域はもちろん大変だろうし、親族や友人を亡くした人たちの心の痛みは筆舌《ひつぜつ》に尽くしがたいだろう。

しかし、戦争ほど多くの国民のメンタルや日本経済全体に、長期間にわたって被害をもたらすものはないと私は思っている。

東北地方に甚大な人的被害をもたらし、今なお日本に影を落とし続ける東日本大震災にしても、原発事故の問題がなかったら、ここまで収束に時間がかからなかったはずだ。

自然災害はもちろん恐ろしいものだが、戦争は強い心理的ストレスを長期間にわたって国民全員に強《し》いるものだ。

渇水、長雨の原因は「ポールシフト」？

「ポールシフト」は当分起きない。

「ポールシフト」とは、天体の自転に伴う極が、現在の位置から移ることで、軸が固定されたまま南北の磁性のみが反転する現象のことだ。

ポールシフトは徐々にではなく、突如《とつじょ》、起こるものらしいが……霊感を使うと「NO」としか出ない。

地球温暖化の影響で、渇水に悩む国がある一方で、水害が増えていることは確かだ。ただ、パニック映画でよく見るような、**「ノアの方舟《はこぶね》」レベルの大洪水が起きる可能性はない**。少なくとも今世紀の間はない。

確率としては、「氷河期」のほうが先に訪れると思う。

氷河期の前には、必ず気候変動があるという。急激に気温が上がり、大量に氷が解けると、地球規模で気候が変わる。

ただし、今の温暖化現象の原因を「氷河期の訪れ」に求めるのは、責任転嫁がすぎると思う。その原因は、「地球上の人口増」の影響が大きいからだ。

人は生きていたら、必ず熱を放出する。便利な生活を送れば、当然、電力その他を消費するし、温室効果ガスも出す。

そして何より、畑をつくるために、家を建てるためにと、人間は山を切り開き、森の木々を伐採《ばっさい》し、アスファルトの道をつくる。土の地面をどんどん減らしていくことが、とにかく地球環境にとってよろしくない。

CO_2の排出量うんぬんというよりも、単に多くの人間によって熱が生み出されていること、またアスファルトによって熱が閉じ込められていることが現在の地球温暖化の大きな原因だ。

東京などは地面を全部アスファルトやコンクリートで覆《おお》ってしまった。だから、日中の熱を逃さず、夜になっても気温が下がらない。

そのため、エアコンをつけたくなくても、つけないと暑くて眠れない。

この状況は、アスファルトを「熱を吸う素材」に変えられたら改善するとは思う。

もちろん、東京のみならず全世界レベルで、転換しなくてはいけないが……。

とはいえ、そう簡単な話ではないから、温暖化が加速していくのは仕方がないだろう。

◈国難レベルの洪水はない

温暖化に伴う異常気象は、今後、世界中で当たり前になるだろう。

ただし繰り返すが「ノアの方舟」を彷彿《ほうふつ》とさせるレベルの洪水が起きることは、少なくとも今世紀中にはない。

標高の高い場所に移住しなくてはいけないレベルの水害は来ない、ということだ。

ただ、アメリカに関して、面白いなあと感じる都市伝説がある。

ハリウッドなどで製作される映画は「実際に起きたらパニックが起こりそうなこと」を事前に映画の形で予告しているというものだ。『E．T．』にもそういう説があった。

「なぜ、こんな映画を、大金を投じてつくったのか」というような映画もたまにあるが、「裏の意味がある」「実は政府のプロパガンダだ」という話があるのだ。本当かどうかは知らないが、否定はしない。

「地球に氷河期が訪れる」という映画も、「高い確率で起きそうだから、事前に告知をしておこう」と、わざわざ製作したというウワサがある。

急に危機的な状況に直面すると世界中がパニックになるから「前もって映画で見せておこう」という話だ。

エネルギー政策の行方は？

二〇二二年は、平年より二十二日も早い梅雨明けによる〝想定外の異常な暑さ〟だった。これを受けて、六月に東京電力管内の電力需要が大幅に増大、「電力逼迫《ひっぱく》注意報」が発出された。

他エリアから融通してもらうなどして、何とか停電という事態は免《まぬが》れたが、首都圏にも緊張が走った。

「エネルギーの安定確保」は、国家の大問題だ。

三・一一の原発事故を受けて、日本人の中には原子力発電に対して相当なアレルギーがある。

非常にナイーブな問題であるが、**日本はこの先、「原子力ベース」で行く**という未来が視える。

岸田首相も、次世代型の原子力発電所の開発・建設の検討を指示し、東日本大震災からの「新しい原発はつくらない」という方針を転換した。

しかし、国民の感情を見ると新増設は難しいだろう。

ただし、間違いなく再稼働はある。実際、二〇二二年八月には、「二〇二三年夏以降に、最大十七基の再稼働を目指す」と岸田首相が発言している。

そもそも、日本が太平洋戦争に突き進んでいったのも、火力発電の燃料の一つである石油をアメリカが禁輸したことが理由の一つだとされている。

動力源は、「国家の存亡」に直結するものなのだ。今や電力なしには生活も成り立たない。

◈温泉が湧く国ならではの発電法

脱炭素社会を目指すという目標のもと、太陽光など自然エネルギーの活用、火力発電の燃料の水素・アンモニアなどへの転換など、様々な提案・試みがなされている。

だが、コスト面や安定供給の面から、現段階ですぐに置き換えることは難しいだろう。

関西では、明石《あかし》海峡付近や鳴門《なると》大橋の下部の海流を利用した「水力発電」の建設が議題にのぼるという。また、温泉地付近では、「地熱発電」についても何かと話題になる。

日本はこれだけ温泉が湧いている国なのだから、国家プロジェクトとして本当に実施《じっし》するのなら、私は「地熱発電」に注力するのが一番いいと思う。

ただし問題は、温泉を潰して「地熱発電所」にシフトできるかだ。

「草津温泉を潰して、地熱発電所をつくります」

という計画が持ち上がったとして、果たしてどれくらいの人が、そのことを許容できるだろうか。

要は、政治家に決断力があるかないかだ。

決断力があまりにもないから、エネルギー政策にしろ何にしろ、最近の日本は何も進まない。

日本のエネルギー政策は、今後、世論の風向きを見ながら原子力発電所が再稼働され、なんとか電力を確保していくという状況が続くだろう。

ただ、見方を変えると、日本はいい意味でも悪い意味でも「穏《おだ》やかな国」ではあり続けるということだ。

自衛隊は「大転換期」を迎えるか

「自衛隊が大転換期を迎える」とは、つまり「憲法第九条の改正があるか」ということである。

ここで、ちょっとおさらいしてみよう。

憲法第九条は、一項で「戦争の放棄」、二項で「戦力の不保持」と「交戦権の否認」を定めている。そして、政府は自衛隊について、「日本を防衛するための必要最小限の実力組織であり、憲法に違反するものではない」との見解を示している。

しかし、「憲法を文字どおりに読むと、自衛隊は違憲である」という憲法学者の意見は多い。

そこで、自民党などは自衛隊を憲法にきちんと位置づけて、その存在を明記することで「自衛隊の違憲状態」を解消しよう、「平和主義」の解釈を維持しつつ「自衛の措置」にも言及しよう、と提案している。

そして私が視たところ、**憲法の改正があるかないかは「微妙なところ」**である。

ただ、本書で再三、私が警告しているアメリカと中国との開戦とその戦況によって、方向性は大きく変わってくるだろう。

日本で憲法改正を行なうのは、かなり難しい。

まず、衆参両院の総議員の三分の二以上の賛成が必要だ。その後は、国民投票で過半数の賛成が必要だが、「平和憲法を守れ」という声は根強い。

アメリカと中国の戦争が視えている私にとっては、何とも歯がゆいことだが、法律に則《のっと》ってやらなければ、ことは進まない。

ただ、改正の機運も、以前と比べるとはるかに高まっている。ロシアによるウクライナ侵攻を見れば、改正しない理由がないと国民が思い始めているかもしれない。

「国防にもっと力を入れるべきだ」という人も格段に増えたし、財源の確保はともあ

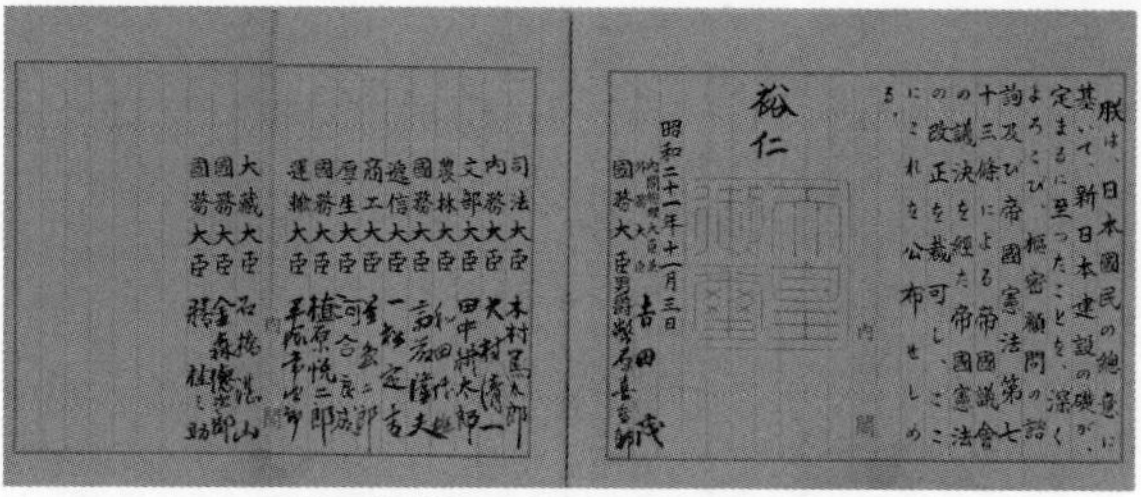
朕は、日本國民の總意に基いて、新日本建設の礎が、定まるに至つたことを、深くよろこび、樞密顧問の諮詢及び帝國憲法第七十三條による帝國議會の議決を經た帝國憲法の改正を裁可し、ここにこれを公布せしめる。

裕仁

御名御璽

昭和二十一年十一月三日

内閣總理大臣兼外務大臣 吉田茂

國務大臣 男爵 幣原喜重郎

司法大臣 木村篤太郎

内務大臣 大村清一

文部大臣 田中耕太郎

農林大臣 和田博雄

國務大臣 斎藤隆夫

遞信大臣 一松定吉

商工大臣 星島二郎

厚生大臣 河合良成

國務大臣 植原悦二郎

運輸大臣 平塚常次郎

大藏大臣 石橋湛山

國務大臣 金森德次郎

國務大臣 膳桂之助

日本国憲法第９条の改正の行方は――

れ防衛力強化のために防衛費も増額される。そして、「反撃能力」を保有することも、国家安全保障戦略に明記されたそうだ。これは安全保障政策の大転換につながるといってもいい。

一方で、「海があるし、脅威と言われている中国やロシアから遠いから大丈夫でしょ」という人もいる。

◈米中戦争が起きると自衛隊は出動する

米中戦争が起きれば、否応《いやおう》なく自衛隊は出動するだろう。

ただし、自衛隊が出動するといっても、前述したとおり地上戦はほとんどないと思っていい。

アメリカと中国が戦争をしたとしても、自衛隊は空中戦をアシストする程度で、それも短期で終わる。前述したとおり、中国で内乱が起こるからだ。

ロシアによるウクライナ侵攻とは全然違う形で終結するだろう。

中国の全国人民代表大会（全人代）の、党員が整然と並んで座っている様子を報道などで見ると、「中国共産党の一党支配が崩壊する」というイメージなど、湧かないかもしれない。

だが、中国では党の方針に逆らうことは許されないし、共産党に入らなければ、出世もできない。だから皆、表面上は党の方針に従っているにすぎない。

しかし、一旦その統制にゆるみが出たり、権威に陰りが見えたりすれば、なだれを打ったように全てが崩壊していくだろう。

「拉致被害者問題」は解決するか

北朝鮮による拉致《らち》被害者を日本に取り戻すのは、困難を極める。

日本政府が認定した拉致被害者十七名のうち、二〇〇二年には五人の被害者が帰国できている。そして、二〇〇四年の日朝首脳会談において、北朝鮮側は「真相究明のために徹底した調査を行なう」と明言したが、その後、なんの進展も見られていないことは周知のとおりだ。

日本政府は、具体的に「誰がどこにいるか」までは情報を手に入れていると思う。ただ、日本はその場所に突入して奪い返すということをする国ではない。

突入するとは、具体的に言うと、ステルス戦闘機と輸送機が一斉に出動し、拉致被害者がいる場所に着陸し、連れ去る、ということだ。

それは技術的には不可能ではない。

しかし、**突入を強行する決断ができるか**というと、疑問である。

◈日本政府も手は尽くしているが……

また、もし拉致被害者のいる場所に突入できたとしても、あまりに突然のことで、その場ですぐに日本へ戻ることを決断できるだろうか。彼らにしても向こうでの生活が既にあるだろうし、家族もいるはずだ。

日本の戦闘機が突如、降りてきて、

「日本に連れ戻しにきました。今すぐ日本に飛びたちます。二度と北朝鮮には帰れません」

となったら、拉致被害者は北朝鮮に留まることを選ばないとも限らない。

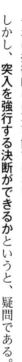

発生からすでに、四十年から五十年もの年月が経ってしまった。親も亡くなるか高齢になり、被害者には日本に知り合いもほとんどいないだろう。

日本に戻っても浦島太郎状態――。そんなことを想像して、二の足を踏まないだろうか。

北朝鮮の体制が転換して平和になり、日本との国交が樹立されれば、皆、喜んで帰国するだろう。

現在のように国交がなく「行き来ができない」というのは致命的なのだ。

日本政府も手を尽くしているだろうが、この問題を解決するのは相当、困難だろう。

このまま少子高齢化で日本は衰退していくのか

残念ながら、今後も日本の少子化は加速する。

その大きな原因は、結婚をする若者が減少しているからだ。さらに、日本では子どもを育てることに〝旨味〟がない。

まあ、これは日本に限ったことではないが……。

「好きなことにお金を使いたい。でも、給料が安くてお金がない。結婚をしたら、これまで以上に好きなことにお金が使えなくなってしまう。だから結婚しない」

こんなふうに考えて、結婚どころか、恋愛すら避ける若者が増えてきた。

バブルの頃などは、やっきになって「恋人探し」をしたものだが、現在は社会の風潮も変わった。「ひとり」でいることに対して、世間が厳しい目を向けなくなってきた。むしろ好意的ですらあるといえるかもしれない。

「結婚して、子どもができたら、もっと貧しくなる」のが既定路線だとしたら、誰だって子どもを持つことに二の足を踏むだろう。しかも、頑張ってお金を稼いだら、その分、たくさんの税金を取られ、政府からの子育て支援もカットされてしまう。

◈結婚や出産に〝旨味〟を持たせられるか

もう少し、**結婚や出産に〝旨味〟を持たせる政策を取らなければ、子どもを増やすことは無理**だろう。

「仕事にやりがいを感じてはいるが、子どもを保育園に預けたら、かなりお金がかかる。自分の収入を考えると、いったい何のために働いているのか、わからなくなる」

という母親の声は多い。

幼児教育・保育が無償化され、世帯所得に関係なく三〜五歳児が利用する保育園の利用料は無料になったが、〇〜二歳児の保育料はかかる。

かつて「保育園落ちた、日本死ね」と、日本国を罵倒《ばとう》するツイートが流行語大賞でトップ10入りしたが、今はもう少し育休を取得したいと、あえて保育園に落ちようとする女性も多いのだそうだ。


また、いい悪いを抜きにして、女性が高学歴になればなるほど結婚年齢は上がる。かつては結婚年齢のボリュームゾーンは二十代だったが、今は三十代になっている。二〇二一年の「人口動態統計」によれば、東京都の女性の平均初婚年齢は、三十・四歳だ。そして、初産が三十代となると、何人も産めないだろう。

さらに四十代になっても独身を謳歌《おうか》する女性も少なくない。そうなると産む女性の数も、生まれてくる子どもの数も、少なくなって当たり前だ。

働きながら子どもを育てる女性や、シングルマザーを、国が全面的にバックアップしてくれるなら、女性たちも安心して子どもを産むだろう。

誰もがそんな未来を望んでいるが、日本は物事を決めるスピードが遅く、そうこうしているうちに、ますます少子高齢化が進んでしまうはずだ。

日本の国力は、突然上がることも下がることもなく、下り坂か現状維持のまま進んでいく。

もちろん、一時的に上向くこともあるだろうが、少子化の現状を考えると、バブル期や高度経済成長期のような経済状態を望むのは難しい。

それでも、他の先進国と比べても、当分は治安の面でもインフラ面でも住みやすい国であることに変わりはない。

「日本脱出計画」を立てるべきか

様々な理由から、「日本を脱出しよう」という人は増加傾向にあるようだ。

しかし、夜でも女性が一人で歩けて、強盗などに遭う心配が九九％なく、蛇口をひねれば水が安心して飲めるような安全で便利な国、住みやすい国は、世界中を探しても、ほとんどない。

さらに、これだけ食のバリエーションが豊かで、何を食べてもそれなりに美味《おい》しい国もそうはない。

そう考えると、あえて日本から海外に出るメリットはあるのだろうかと思う。

そういう意味で海外移住先として、特に強く勧めたい場所はない。**極論すれば、どこも同じ**ともいえる。

◈「野心的な人」以外はお勧めできない

「エスパーは海外に移住しようと思ったことはある？」

と、聞かれることがたまにあるが、私は海外で暮らそうと思ったことはない。

基本的に体が強くないし、目も悪い。食べ物に好き嫌いはないが、お腹を壊しやすい。

外国語に堪能《たんのう》ではないということもある。

特に霊能のような仕事は、人と話していて細かいニュアンスを汲み取ることが大切になってくるが、英語を自在に操れないことを考えると、海外暮らしにさほど魅力は感じない。

たいした野心もなく「海外でも行くかぁ」と渡航しても、国内で生活するのと比べて余分なストレスがかかる分、デメリットを感じると思う。言葉の壁や生活習慣の違いにメンタルをやられるだけだ。

この先、日本のどこに住んでいれば安心か

「土地の価値が上がる」という意味で言えば九州、特に福岡がこの先二～三年くらいは狙い目だろう。

大陸に近いという地理的条件を考えると、

「第三次世界大戦の影響は大丈夫？」

と思われるかもしれないが、有事の際に市街地が狙われることは、通常ない。最初に攻撃されるのは、軍の管制を統括する基地だ。アメリカの海軍基地のある長崎の佐《さ》世保《せぼ》や海兵隊基地のある山口県の岩国は標的にされるかもしれない。しかし、民間人が利用する空港や居住空間は通常、狙われないので安心していい。

東京は運気的に決して悪くない

とはいえ、もし私が今、

「東京を都市封鎖します。短期間でもいいからどこかに引っ越してください」

と言われたら、選ぶのは、パワースポットの面で言うと**北海道**だ。

そもそも暑さが苦手で、寒いエリアが好きだということもあるが、移住するなら北日本を選ぶと思う。便利さと、ご飯が美味しい場所、そしてエネルギー面についても加味したら、**仙台**もいい。

ただ、**東京は運気的に決して悪くない。**

徳川家康が江戸に入府するにあたり、天台宗の天海《てんかい》大僧正が四神相応《しじんそうおう》や陰陽五行《いんようごぎょう》説を基に、盤石《ばんじゃく》の結界《けっかい》を張り巡らせたのは有名な話だ。

つまり、東京は中心にある江戸城（皇居）に向かって運気が流れ込んでくるように設計されており、放っておいても運気が充電されてしまう都市なのだ。

自民党が下野することはあるか

自民党は、とりあえずは政権与党であり続けるだろう。ただ、勢力的に弱くなる。二分されることもあるかもしれない。

だからといって野党が躍進するかというと、それも微妙だ。野党が政権を取るとしたら、二十年くらい先の話だろう。今の野党のままであれば、だが。

というのも、どの野党も、議員たちが小粒なのだ。今の野党の顔ぶれを眺めていると、自民党に取って代わる政党が現われるのには相当、時間がかかりそうだということしか出てこない。

国民の意識も問題だ。もし、本気で政権交代を望むなら、個々人が真剣に各党が掲げる政策と向き合い、自民党に打ち勝つことができる野党を育てていくことこそ第一だ。

しかし、残念ながら国民の多くはこれまでどおり、政治への意識が希薄なまま毎日を過ごすことだろう。

霊視をしてみても、**「自分の身を投げ売ってでも」という迫力と気概《きがい》のある政治家**は野党からも与党からも現われない。このままずるずると自民党が日本の舵取《かじと》りをしていくことになると思う。

次の自民党総裁、可能性があるのは――

岸田政権が発足したのは、二〇二一年十月四日だったが、持って二年だろう。私は趣味で人相見もするのだが、彼の顔つきは「裏方」の人間のそれだ。総理を補佐する立場や、官僚という立場のほうが、本来の力が発揮できるのにと思う。

では、**次期総理大臣は誰がなりそうか**と聞かれたら、悩む。突出した人がいないからだ。

次期総理候補としてよく耳にするのは、高市早苗氏だ。

高市早苗氏は、前回二〇二一年の自民党総裁選に出馬し、それなりの票を集めた。とはいえ、仮に総理になれたとしても、短命で終わる。引きずり降ろそうとする人があまりにも多いからだ。

誰が引きずり降ろすのか。周囲の男性たちだ。

男性の嫉妬《しっと》は恐ろしいというが、そのとおりだ。また厄介《やっかい》なことに、女性が自分の上に立つとなると、急に敵意を剝《む》き出しにする人が職種を問わず一定数いる。

高市氏は仮に総理になれたとしても、自身や側近のスキャンダルなどにも悩まされることになると思う。

同様によく名前を耳にするのが河野太郎氏だ。

前回の自民党の総裁選決選投票で、岸田文雄氏と一騎打ちになったのを覚えている人も多いのではないだろうか。結果、岸田氏が二百五十七票（議員票二百四十九、都道府県連票八）、河野氏は百七十票（議員票百三十一、都道府県連票三十九）だった

菅義偉氏の再登板は、あり得る未来だ

が、今後も総理の座は遠そうだ。

というのは、河野氏の一族は残念ながら、総理の座に就けない流れにあるからだ。彼の祖父の一郎氏は、総理に王手がかかっていたがダメだった。彼の父親の洋平氏は自民党の総裁を務めたが、総理にはなっていない。そういう「流れ」は、存在する。

国民に人気があっても、政治家に人気がないと総理の座を射止めるのは難しいのだ。

一方、**菅義偉《すがよしひで》氏の再選**はあり得る。確率としては一番高い。あの人は意外に、「地味な根回し」がうまい。だから、政治家の間に信頼を築ける。

うーんと無理をすると、茂木《もてぎ》敏充《としみつ》氏か、

ないのだ。

萩生田光一《はぎうだこういち》氏。あとは顔が浮かばない。簡単に言うと、それだけ今の政治家は個性がないのだ。

政治家に関しては、日本はあまり期待できない。ただ、いい悪いは別として、官僚のレベルがそこそこ高いから日本は持っている。その官僚も最近は若手の離職率が上がっていて、頭の痛い問題になっているらしいが……。

自民党に限らず、日本の政党は芸能人や有名人を多く擁立《ようりつ》するが、今後はそうしたことも、より厳しくなるだろう。

国民が政治に関心を寄せやすくなるという点では、タレントの出馬にも意味があると思うが、政党が彼らのうち誰を選出して立候補させるかの基準は「イエスマンであるか否か」だ。これを、一般の人々にも見透《みす》かされてしまった。

今後は、少なくとも意志のない政治家は消えていくことだろう。

「カリスマ的リーダー」は誕生する？

もう少し国力が低下すれば、日本にカリスマ性のあるリーダーが出てくる。

そう、日本には面白い流れ、ジンクスがある。

国が「存亡の危機」に瀕《ひん》すると、必ずや救国の英雄が出てくるのだ。

例えば、第二次世界大戦後、**吉田茂**が出てきた。

そして、戦後の高度成長期には**田中角栄**が現われた。

幕末には、**西郷隆盛**や**大久保利通**のような傑物が現われた。

こうしたカリスマたちが、これまで日本の国難や課題を人間的魅力や力業で乗り切ってきたのだ。

◈「救国の英雄」が出現する条件

今後、カリスマ性や強いリーダーシップを発揮できる人物が出てきそうな雰囲気はある。

私は宗教が嫌いだから、日本のことを神国《しんこく》とは思わない。ただ国勢が衰えて、このままいけば、本当に日本は沈没するしかないとなった頃、不思議と救国の政治家が出てくる。だから、日本には底力はある。

ただ、すぐには出てこない。そこまでの匂いはない。

というのも「日本は衰退していく。このままいけば、大変なことになる」と言いながらも、ホームレスが町に溢れかえっているというわけではない。みんな、とりあえず食べることはできている。

沈滞ムードはあるかもしれないが、そこまで深刻ではないのだ。

吉田茂（左）と田中角栄――彼らと同等のカリスマ性を持つリーダーが日本に現われる日はいつくるのか

何の世界でも、**カリスマ的存在が現われると、流れは一気に変わる。**

逆に、風穴を開けるような人物が現われないと、停滞感からはなかなか抜け出せない。

衰えつつある国勢を一気に立て直してくれるような、目の醒《さ》めるようなカリスマの姿は、今のところ視えない。

今後も日本は、景気にしろ国勢にしろ、パッとしない足踏み状態が続くだろう。

教育の弊害だろうか、時代の流れだろうか。「金儲け」はしたくても、「国民のために」と行動できる人間は少なくなったと思うのは、私だけではないだろう。

Column

過去が視えれば、未来も視える

予知というと昔、一世を風靡《ふうび》した元FBI捜査官のジョー・M・マクモニーグルを思い出す人がいるかもしれない。

マクモニーグルは、アメリカ陸軍がかつて極秘裏に進めていた計画「スターゲート・プロジェクト」に**〝遠隔透視者001〟**として参加していた人物だ。

数々の諜報作戦における功績が認められて、その驚異の透視能力はメディアの注目を浴びるようになり、日本のテレビでも**「FBI超能力捜査官」**として大々的に紹介されたのを記憶されている方もいるだろう。

マクモニーグルは、単に遠隔地を透視するだけでなく、**「リモート・ヴューイング」**つまり時空を超えて過去や未来をも見通すことができたようだ。

実際、私も未来はもちろん、過去を透視することもできる。

先日、家の近所で医者をしている友人と食事をした時のこと。

友人は、自分の家の近くに、「不思議な一角」があると話し始めた。

曰《いわ》く、その土地に住んだ男性は、二十歳前に変死するという。

そして、

「この話、覚えている？　前にエスパーにその土地のことを話した時に、『ああ、そこ、有名な武将が腹を切って死んでいるよ』と言っていたんだ。

調べたら、本当に有名な武将が切腹していて驚いたよ」

と、言い出した。

この手の「祓い」の相談を受けることは本当に多いので、わりと失念しがちなのだが、「ああ、あそこか」と以前、その土地の過去を透視した時のビジョンがフッと蘇《よみがえ》った。

今では普通の住宅地になっているが、以前は畑だったそうで、ちょっと調べたくらいで、そこが「いわくのある土地」だと気づく人はいない。

友人がたまたま郷土史を眺めていて土地の来歴を知り、本当に有名な武将が切腹した場所だと知って驚いたのだそうだ。聞いた私も、びっくりした。

「古代の遺跡」を透視してみると

こんなこともあった。以前、『ムー』誌の編集長三上丈晴《たけはる》氏と、先のページでも紹介した地底レーダー調査技師の渡辺広勝氏とで、秋田県鹿角《かづの》市の黒又山《くろまたやま》へ取材に行ったことがある。

着いて五分くらいで、「黒又山は初めてだ」と私が渡辺氏に話すと、

「ここはどう視える？」

と、山を指さした。

そこで、パッと浮かんだビジョンを視えたままに、

尋常ならざるパワーに満ちた日本のピラミッド黒又山。
訪れるだけで直感力が強化されるパワースポットだ

「斜面のここに階段があって、こっちに石の灯籠《とうろう》があって……」

と、話した。すると、

「お前は、ほんっとうにイヤな奴だな」

と苦笑いされた。

というのも、渡辺氏は数年前、二週間ほど地中レーダーで黒又山を細部にわたって調査したことがあったのだという。

「私が二週間、調査をして知り得たことを、お前は五分の霊視で当ててしまうんだから」

と。

渡辺氏は、ＴＢＳの番組でシカン文化の調査にも行かれたことがある。

シカン文化はインカ文明の一種で、ペルー北部沿岸で七五〇～一三五〇年頃に栄えたとされ、「インカ帝国のルーツ」ともいわれる。文字は持たなかったとされるが、長大な水路の建設、彫金の技術も発達させていた文化だ。

このロケについて渡辺氏が、

「ちょっと面白い遺跡があってさあ。その山が……」

と、話し始めた瞬間、ブワッとビジョンが視えたので、

「ちょっと待って、そこってこうで、こうで、こうなってない？」

と言うと、また、

「お前は、ほんっとうにイヤな奴だな」

と、爆笑された。ピタリと当たっていたのだ。

◈「悪いビジョン」が勝手に見えてしまう時

彼とは、一九九五年前後に放映された埋蔵金《まいぞうきん》をテーマにした番組で知り合った縁で、これまで何度か調査や取材に同行させてもらっている。

こんなこともあった。彼の実家は静岡にあるのだが、

「このへん、どう？」

と、ある場所について聞いてきた。私自身ははっきり覚えていないが、

「お姫様が連れてこられて、ここで首切られているよね」

と話したらしい。渡辺氏は、「そのとおり！」と驚きの声をあげながら言った。

「よくわかったな。ちょうど斜め前の家でさあ、切られたっていう伝説が残っているんだよ」

と。その土地は空き地になっていたこともあり、渡辺氏は買い取って、道具置き場をつくろうと思っていたそうだが、

「絶対やめたほうがいい」

と、私が強く止めるので購入しなかったのだという。そのことでいたく感謝された。

その土地を購入していたら、確実に呪《のろ》われていたと思う。

話をしていて自然に過去の出来事が視えてくる時は、危険を知らせるシグナルでも

ある。実際、**「危ない場所」に行くと、時空を超えた透視のスイッチが入りやすい。**

これは、自分の身を守ろうとする本能的なものだと思う。暗くなるとオートセンサーで点灯する街灯のように、自動的にビジョンが視えるのだ。

もちろん、「祈り」とか「感謝」とかポジティブな記憶が積み重なっている場所では、温泉に入っているかのような気持ちのいい感覚が流れ込んでくると共に、ポジティブな過去も視える。

ただ、自動的に視えるのは、あくまで「過去」だ。

過去は肌で感じられるが、未来は頭の中で感じる。これから起こることだから、「この先、どんな展開になるのかな？」と思わないと視ることができない。

4章

科学技術と宇宙からの来訪者

……覇権の行方、隕石の衝突、宇宙人のコンタクトはあるか

「宇宙の覇権」を握るのはどこの国？

宇宙空間を巡る覇権争いについては、しばらくはアメリカの独走が続く。

国境のない宇宙を巡っては、アメリカ、中国、ロシアなどが覇権を争い、開発にしのぎを削っている。

日本も安全保障上の必要性から、二〇二〇年に宇宙領域の専門部隊である「宇宙作戦隊」が防衛大臣直轄部隊として新編され、話題になったことを記憶している方も多いだろう。さらに航空自衛隊は、宇宙領域の活用に力を入れるため、「航空宇宙自衛隊」に改称するという。

中国は、習近平総書記の「宇宙強国になる」との号令の下、宇宙ステーション「天宮」を完成させた。アメリカはかつて旧ソ連と「宇宙開発競争」で激しく争ったが、今は中国と鍔迫《つばぜ》り合いを繰り広げている。それもこれも**宇宙技術が軍事技術、安全保障上の問題と不可分に結びついている**からだ。

中国は宇宙開発計画の中で、「月に上陸して基地を建設、太陽光パネルを設置する」などと息巻いているようだが、今の中国にそこまでの技術力はない。確かに、太陽光パネル自体の中国の世界シェアは圧倒的だが、それとこれとは、また別の話だ。

例えば、技術の粋《すい》を集めた戦闘機などを見れば、その技術力は一目瞭然《いちもくりょうぜん》だ。パキスタンが中国の戦闘機を多数、購入しているのだが、あまりに墜落《ついらく》が多く、「未亡人製造機」などと呼ばれているそうだ。

一九六六年から十年にわたって続いた文化大革命の影響で、中国は軍事技術面で他の先進諸国に三十年ほど後《おく》れを取ってしまった。

インターネットの原型となったアイデアは、「アメリカ軍の軍事技術の転用」であるといわれているが、このことを挙げるまでもなく、軍事技術についてはアメリカが頭抜けている。

◈天才が出ればタイムマシーンは五十年後に実現

最先端の技術といえば、中国が、**タイムマシーンの制作**に乗り出しているというウワサがある。

「ひょっとして、タイムマシーンはもうできているのではないですか?」

などと聞かれることがあるが、できてはいないと思う。

ただ、タイムマシーンの制作は将来的には可能だろう。といっても、一世紀以上先の話になるが。天才が出てくれば、五十年後くらいに現実のものとなる可能性もある。

「宇宙は五次元になっている」という物理学者リサ・ランドール博士の説がある。

ちょっとイメージがつかないが、三次元にプラスして「時間」と「五次元方向への距離」という次元があるというのだ。そして、

「二〇二四年あたりに、五次元が解明されるのではないか。五次元に行けるのではな

いか」

という話を聞いたこともある。

確かに計算上は可能かもしれない。

ただ、五次元への移動は無理だろう。たとえ五次元に無機物を送れたとしても、有機物はというと、無理だろう。確実に死ぬ。

宇宙戦艦ヤマトでいう「ワープ航法」にはロマンがあるが、技術的には世紀をいくつもまたがなくてはならないだろう。ずいぶん先の話だ。

「恐怖の隕石」で地球は滅亡する？

「恐怖の隕石《いんせき》」が地球に衝突し、地球が滅亡、あるいは甚大な被害に遭う可能性はない。「かすりそうになる」ことはあるかもしれないが、それも早くて二世紀くらい先の未来だ。

ＮＡＳＡ（アメリカ航空宇宙局）が二〇二二年九月に、無人探査機「ダート」（ＤＡＲＴ）を、直径約一六〇メートルの小惑星ディモルフォスに衝突させ、軌道を変える実験に成功したそうだ。

ＮＡＳＡ公式ホームページにこうしたニュースがたまに掲載されて、ＳＮＳなどでも大きな話題になるが、この実験は**「恐怖の隕石」の軌道を安全に変えられるのか**を検証するものらしい。

ＮＡＳＡの「宇宙の防衛者」としての面目躍如《めんもくやくじょ》というところだが、私が視たところでは、二世紀後にその可能性があった時に活用してもらえたらと思う。

二十年以上も前に、ブルース・ウィリス主演の『アルマゲドン』という映画が話題になった。地球に衝突する軌道を取る小惑星が発見され、人類の破滅を回避するために小惑星内部に核爆弾を設置し、内側から爆発させる……という壮大なミッションを描いたＳＦ大作だ。

「隕石や惑星の衝突」は、映画やドラマでもたまに取り上げられているから、人類の潜在的恐怖としてあるのだろう。だが、可能性としてはゼロではないが、地球にもろに激突して、人類滅亡という未来は視えてこない。

宇宙ゴミもそこまで心配なし

「では、宇宙ゴミはどうだ。人工衛星にも悪影響を与えることがあるのではないか」といった心配の声を聞くこともある。

スペースデブリともいわれる宇宙ゴミとは、使用済み、あるいは故障してしまった人工衛星や、切り離したロケットの一部分などの、軌道上に止まってしまっている不要物のこと。宇宙開発の急速な発展によって、報道などでも話題になることが多くなってきた。

さらに、著名な起業家が宇宙事業に参画して話題になっているように、民間人も宇宙旅行を楽しむ時代が訪れ、ロケットが今よりもたくさん飛ぶようになれば、宇宙空間がさらに混雑して衝突事故を起こし、重大な被害が出るのではないか……と懸念の声も上がっている。

ただ、私が視たところ、ここ数世紀において世界が深刻な機能不全に陥ってしまうような被害が起きる衝突事故は視えてこない。

もちろん、宇宙の環境問題を解決しようと努力していただくのは結構なことだが、各国が宇宙の覇権を得ようとしのぎを削っている現在、この問題の根本的な解決は遠いようだ。

「宇宙人の襲来」は間近なのか

宇宙人は、いる。

アメリカは、ある程度、宇宙人の存在を認める方向にあって、情報を〝小出し〟にしているように見える。

実際、二〇二二年十月には、NASAが未確認飛行物体(UFO)の謎《なぞ》を独立した立場から解明すべく、科学者や専門家十六人から成るチームを結成したという。このチームには、宇宙生物学、データサイエンス、惑星科学などの専門家のほか、NASAの元宇宙飛行士も加わっているという。

CNNの報道によれば、その元宇宙飛行士の中には、「宇宙人は存在する」と断言する化学者のヘレン・シャーマン氏もいる。

また、「宇宙人が地球に到達した証拠はあると確信する」と語ったアメリカ国防総省（ペンタゴン）の高官もいるという。この高官は、ペンタゴンが極秘裏に行なっていたＵＦＯ調査プロジェクトに関わっていた人物とのことだ。

しかし、宇宙人が実在するからといって、「ある日、窓を開けたら、空に宇宙船がワーッとたくさん浮かんでいて、人類が誘拐《ゆうかい》されていく……」といった、映画で観るような「襲撃」はないだろう。

ただ、私自身、宇宙人にまつわる相談を受けたことはある。

◈「宇宙戦争」はないが「見張られている」

とある地方から、一人の中高年の女性が相談に訪れた。離婚をして、元夫の住んでいる家からは離れた場所で生活をしているそうだ。

しかし、ある時から、自分のことを見張っている人がいると、感じるようになってきた。

こうしたケースは、本人の思い込みということがほとんどだ。

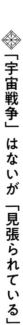

「病院を一度受診したほうが……」

というケースもままある。

ところがこの女性は、そのうち大家さんから、

「あなたが来てから、気持ちの悪い人がうろちょろするようになった。家を貸すのをやめさせてほしい」

と、退去勧告を受けたというのだ。

「私のまわりをうろつくのは、生身の人間でしょうか。それとも生霊か、悪霊か……」

と切に訴えるので霊視したところ、その人からはそうした霊的な干渉は一切、感じられなかった。ただ、**「宇宙からの何者かに見張られているのではないか」**という可能性を感じた。

よくよく聞くと、その女性の娘さんも「誰かに見張られている」と感じた経験があるという。

人間が野生動物の生態調査をする時には、対象となる個体の繁殖《はんしょく》や子育ての様子な

ども見守る。つまり、「親子」単位で観察対象となるわけだが、宇宙人が地球人を調査・観察する時も、同じように行なうのだろうと感じた。

一九七〇年代頃、アブダクション（誘拐《ゆうかい》・略取《りゃくしゅ》）やキャトル・ミューティレーション（動物の死体が内臓や血液を失った状態で見つかる怪現象）など、〝人間業とは思えない〟奇妙な事件、残虐な事件がアメリカなどで話題になったが、今後「宇宙戦争のようなことが起こるか」と聞かれると微妙だ。ただし、今も〝見張っている存在〟はあるだろう。

考えてほしい。あらゆる神は天空からやって来ていないだろうか。

それから、私を含めて本当に霊感の強い人間は、放射能に過敏に反応する。そういうことがわかるのは、「もしかしたら大昔に宇宙人と地球人との間に核戦争があったのかもしれないいな」という気はしなくもない。

「ＡＩが人類を支配する日」は来る？

一時期、「シンギュラリティ」という言葉が話題になった。

ＡＩ（人工知能）が人間の知能を超える転換点のことで、それをきっかけに世界の有《あ》り様《よう》も大きく変わるとされる。アメリカの人工知能の研究者であるレイ・カーツワイルが唱えた未来予測の概念で、「ＡＩが人間の能力を超える日は近い将来、来るのか」といった議論がよく聞かれた。

確かに、今後もＡＩの研究は進むだろう。

しかし、私が視たところ、ＡＩが人類を支配する日は来ない。ただし、**「AIに使われる人間」と「AIを使いこなす人間」とに、人類は二分される**ことになる。

これは陰謀論でも何でもなく、「単純にそうなるだろう」と私は思う。

近年、経済的な格差が広がり、二極化しつつあると言われるが、科学技術を使いこなす能力についても「二極化状態」になるのだ。

「自分はこの分野を極めたい」「このジャンルで成果を上げたい」と、スペシャリストを目指すタイプの人は、AIを使いこなせるタイプの人間だ。

一方、「楽なのがいい」「仕事はほどほどでプライベートを充実させたい」と言っているタイプは、AIに使われる側の人間になる。ただそれだけのことだ。

◈ただし「AIによって、なくなる職業」はある

ただし、**「AIによって、なくなる職業」は確実に増える。**

例えば、オートメーション（機器による自動化）が発達すると、タクシーには運転手が必要なくなる。

輸送業界に限らず、流通業界も大幅に人員が必要なくなるのではないかと言われている。実際、コンビニも、最近は無人のレジをよく見かけるようになってきた。

いわゆる単純労働の人たちは仕事を奪われる可能性が高い。

公務員や銀行員も、大幅に人員削減されるだろう。窓口業務などは、十分ＡＩに任せられる。

占い師もいらなくなるだろう。占いは統計学だから、お客さんの生年月日がわかれば、おおよそのところはわかるからだ。ただ、霊能力者は、いつの時代も求められるだろう。

まあ、一番消えてほしいのは、仕事をしない政治家なのだが。

人々の生活は「仮想空間」へ移行する？

コンピューターの中につくられた三次元の「仮想空間」、いわゆるメタバースの活用が広がりを見せている。中には危惧《きぐ》する声もあるようだが、仮想空間や仮想現実（VR。ヴァーチャル・リアリティ）を過度に恐れる必要はない。

あくまで、仮想は仮想。現実ではないからだ。

ただし、今後、仮想現実の世界は確実に広がっていく。

VRゴーグルを使った旅行体験が注目を集めているが、観劇や音楽ライブを楽しむなど、**「趣味を充実させる方向」にはどんどん進化**していきそうな匂いがする。

「そういうことに没頭していると、人間の思考を乗っ取られてしまうのではないか」

と恐れる人もいる。しかし、包丁ではないが、どんな技術も「使い方次第」だ。インターネットでもＳＮＳでもそうだが、技術を悪用する人は必ず出てくる。これぱかりは仕方がない。

◈「地表が放射能で覆われる」なら……

コロナ禍での自粛《じしゅく》生活を受け、仮想世界は日常にも浸透しつつある。例えば今は、子ども同士がごく普通にゲーム上で自分たちの「理想の家」を行き来している。

さらに、最近では仮想世界内に学校が存在し、Ｚｏｏｍなどを利用して仮想世界の学校に行き、授業を受けられるそうだ。不登校の子どもたちにとっては、すごくよい仕組みだと思う。

普通に登校している子どもたちと同じように、仮想世界で勉強し、青春を過ごし、単位を取って卒業できるのだ。本人にとっても自信につながるだろう。

しかし、仮想空間のみで学生生活を送ってきた人が、いきなり現実社会に出た時に、果たしてコミュニケーションが円滑《えんかつ》に取れるのだろうか、とは思う。

現実社会には様々な年代、価値観の人がいる。高齢者もいれば、乳児もいる。人が集まって何かをしようとすれば、いきなり揉め事に発展することもあるし、無理難題をふっかけてくる理不尽な人もいるだろう。そうした多様な人々とうまく折り合ったり、受け流したりする対人能力がメタバース上で育《はぐく》めるのかは大きな課題だ。

今後、仮想世界上の会社もできてきて、そこに就職というケースも出てくるだろう。それで価値を生み出していければいいのだが……。

SF小説や漫画に、カプセルのようなコンパートメントの中に人間が収容され、仮想世界でつながっているという設定の作品があるが、そういう世界になるのは、まだまだ先の話である。

「地表が放射線に覆われて、止《や》むに止まれぬ状況」になってしまうのであれば話は別だが、そうした未来はここ数十年に限っては、少なくとも視えてこない。

電気自動車——覇権を握るのは？

地球温暖化対策への取り組みとして、**電気自動車（EV）の開発競争**が加速している。何しろ、日本でも二〇三五年から、新車の販売は電動車のみとなり、ガソリン車やディーゼル車は販売できなくなるらしい。

日本の自動車メーカーも、ここにきて一気にEVシフトが鮮明になっており、自動車業界は大転換点を迎えているようだ。

二〇二二年にはソニーとホンダが共同出資して高付加価値の商品・サービスの提供を目指す新会社「ソニー・ホンダモビリティ」を立ち上げるなど、業界の動きに大きな注目が集まっている。

ハイブリッド車は流通しているものの、電気自動車については欧米に比べて「出遅れ感」が懸念されていたが、様々な意味で重大局面にあるのは確かだろう。

電気自動車といえば、アメリカのテスラが有名だが、中国勢の存在感も大きくなっているようだ。現在、大手二社の比亜迪《ビーヤーディ》（ＢＹＤ）と上汽通用五菱《シャンチートンヨンウーリン》汽車《きしゃ》（ＳＧＭＷ）だけで世界のＥＶの過半数を売り上げているという。

日本はトヨタがガソリン車などを含めた販売台数では世界一だが、電気自動車の販売台数のシェアは一％ほどで、今後、「クルマづくり」を巡る未来、シェア争いはどうなるのか、日本中が注視していくだろう。

何しろ、自動車製造は日本経済を支える「基幹産業」の地位を占めているのだから。

今後、電気自動車のシェアにおいては、瞬間的には中国がトップに立つ。しかし、首位をキープできるかは微妙だ。故障が多発することで、ランクをどんどん下げることになると思う。自動車の故障は命に関わるからだ。

トヨタは一位の座にこそ就けないかもしれないが、二位、三位をキープすることはできるだろう。

ソニー・ホンダモビリティもいい位置にいくと思う。ホンダの「自動車とは全く別の畑の企業と提携する」という戦略は大いに評価できる。他の自動車メーカーもホンダのように組む相手を考えれば、生き残ることができるだろう。

テスラに関しては、すごくいい。しかし、カリスマCEOのイーロン・マスク氏があまり出すぎるとダメになりそうだ。竜頭蛇《りゅうとうだ》尾《び》になってしまうからだ。

　ちなみにイーロン・マスク氏はこのまま成功をおさめ続けるだろうが、独立独歩でまわりを振り回しすぎる。彼が倒れた時や没後、会社がどうなるかが問題だ。

電気自動車用充電ステーションに停車するテスラ社の車

また、マスク氏が買収し、最近では存続が危ぶまれているツイッター社がなくなることはないだろう。ツイッター社に未来はないのではないかなどとSNS上で憶測が飛び交っているが、一部の人間がビジネスチャンスを狙って、自分たちに都合のいいプラットフォームに客を誘導したくて騒いでいるだけだ。

「空飛ぶ自動車」の実現可能性

では、全く新しい技術によるクルマ、つまりSF絵本にあるような「空飛ぶ自動車」といったものが実用化される未来についてはどうかと言えば、難しいだろう。そのような未来は視えない。

技術的には不可能ではないのだろうが、コストの問題もあり、普及《ふきゅう》への道は遠そうだ。

地殻変動で地表温度が五十度近くまで上がって、とてもクルマを地上で運転できないだとか、地面がことごとく海に沈み、海底都市になってしまったというなら話は別だが。

そうでもなければ、コストをかけて空飛ぶ自動車をつくる理由がない。

超高速で何かを運びたいなら、有人ならヘリコプター、無人ならドローンでしばらくは対応していけるだろう。

環境負荷や効果を考えると素晴らしい技術であっても、コスト面が折り合わず、導入されないケースは至るところに見られる。

例えば、軍需産業ひとつとっても、いい武器はいくつもある。しかし、コストを考えると超大国アメリカですら、大量生産とはいかないこともある。

以前アメリカで、時速五〇〇キロは出るという高性能なヘリコプターがつくられたが（ちなみに一般的なヘリコプターの最高速度は、時速二七〇キロほど）、コスト面がネックとなってアメリカ軍でも採用されず、他国からも購入してもらえなかったようだ。

コロナウイルスの特効薬は出てくるか？

この章の最後に、コロナを巡ることについて書いておきたい。

「コロナ以前」の状態に戻るのは、二〇二六年か二〇二七年だろう。逆に言うと、そこまで待てばコロナ以前の状態に戻るだろう。

つまり、その頃には日本でもマスク生活をしなくてすむようになるということだ。コロナウイルスが完全に消えることはないだろう。ただ、インフルエンザ的な捉《とら》え方をされるようになるはずだ。

人々の意識の面でいえば、急激に霧が晴れていくような感じになる。

インフルエンザにおけるタミフルのような、コロナウイルスの特効薬が二〇二三年にも普及することも大きい。

ただし、風邪をひいた時に、薬を飲んだからといって一発で治るわけではないように、この治療薬を飲んだら一日で症状が劇的に改善するということはないだろう。

それでも、特効薬が社会にもたらす安堵《あんど》感は大きい。

患者の増減にかかわらず、イベントなども、普通に開催できるようになるだろう。

コロナウイルス騒動は、徐々に徐々に終焉《しゅうえん》へと向かう。

◈ワクチンをめぐる巨大訴訟について

政府は、「ワクチンを打つように」と国民に働きかけ続けると思う。

ワクチンの重い副反応や死亡事例などもあるが、「ワクチンを打つのはやめよう！」という意見が大勢を占めるまでには至らないだろう。

また、「ワクチンの製造企業に対する訴訟が全世界で起こるのではないか」などともウワサされているようだが、こうした訴訟が起こるにしても、五年、十年の時が経ってからだろう。

ワクチン接種と死亡との間に因果関係を認めよと、遺族が厚生労働省に訴えているようだが、のらりくらりとかわされているようだ。

事前の「全責任は自分が負う」というサインの効力も大きい。

仮に集団訴訟を起こしたとしても、製薬会社の超・腕利き弁護団を相手に、勝ち目はないと思う。

今後も、安全性に懸念を抱きつつも接種を受ける人、徹底的に打たない人に二分されていくだろう。

Column

私の「コロナ予知」について

実は私は、コロナウイルスの騒動についても予言していた。

といっても「直接的」にではない。相談者と雑談していて、

「東京オリンピックはどうなると思いますか？　どの競技に興味がありますか？」

と聞かれ、その相談者が言うには、

「オリンピックねえ。限定的でも、日程をずらしてやりそうだね」

と、話したのだそうだ。もちろん、コロナウイルスが蔓延する前のことだ。

続けて、

「マスクをしている人がいっぱい視えるから、疫病《えきびょう》のようなのが流行《はや》るのではないかな」

と言っていたらしい。

相談者さんも「おや」と思ったのだろう。後に、別件で相談に訪れた際に、

「当たりましたね」

と言われた。


また、別の相談者を電話で鑑定をしていて東京オリンピックの話題を振られ、

「オリンピックは延期になるよ」

と話し、コロナウイルスの流行について示唆《しさ》していたのだそうだ。

相談者も「そんなわけがない」と思っていたからこそ、コロナウイルスが世界中で蔓延し、東京オリンピックが延期になった時は心底驚いたのだそうだ。

この相談者からは、

「先日の鑑定の時にも、『菅《すが》さんが総理になる』と言っていて、当たったからびっくりしたよ」

と、興奮気味に伝えられた。

菅義偉氏の首相就任の予言については、他の知人にも話していた。菅氏が総理に就任する何年も前に、携帯のアプリの仕事の打ち合わせの席で、その会社の社長に、

「日本の政治はどうなりますかね」

と聞かれ、

「秋田の農村出身の総理大臣が出るよ」

と言ったこともあったのだそうだ。この時は、霊能のスイッチが完全に入っていたこともあり、明確に視えた。

菅氏が総理大臣になった時は、

「当たりましたね」

と、わざわざ連絡がきたのだが、このように私は雑談の中でポロリと未来を予言してしまうのだ。

5章

今、日本に残された活路とは?

……浮上する業界、消え去る産業——私たちの「取るべき道」

「GAFAMの覇権」は今後も続くのか

いずれは綻《ほころ》ぶが、「GAFAM《ガーファム》の覇権」は当分続く。

GAFAMとは、今まさに世界の情報や富を牛耳っているといわれる企業、グーグル、アマゾン、フェイスブック（メタ）、アップル、マイクロソフトのことだ。「向かうところ敵なし」のイメージがあるが、これらの企業もいずれは綻びを見せると思う。

ツイッター社の買収を完了したイーロン・マスク氏が、CEOに着任早々、全従業員の半数にあたる三千七百人を解雇して話題になったが、その数日後、フェイスブックが一万一千人の従業員を削減すると発表。さらに、アメリカのアマゾン・ドット・

GAFAMの中でも流通を押さえているアマゾンの
優位性が頭抜けている。写真は創業者のジェフ・ベゾス

コムも一万人規模の人員削減を始めるとして、ＩＴ業界には激震が走ったようだ。

今、世界で最も景気がいいと目されている企業のこうした動向に、「ＧＡＦＡＭ」衰退のサインを読み取る人もいるかもしれない。

これまでイケイケどんどんでやりすぎて、限界にきたのだ。私は「やっぱりな」と思って見ている。

ＧＡＦＡＭが永遠に天下を取り続けることはないだろう。

霊視したところ、この**五つの巨大組織の中で最も生き残れそうな企業はアマゾン**だ。

流通は現代人にとって欠かせないインフラ

の一つだ。その流通を主軸にするアマゾンは強い。

一方、霊感的に見ると、**危うげなエネルギーを発しているのが、意外かもしれないがグーグルとマイクロソフト**だ。

なお、GAFAMの提供するSNSや動画配信サービスのあおりを食らったテレビ業界は苦境が続くだろう。

今、テレビをリアルタイムで見ている人はどれくらいいるのだろうか。

私は、一時間の番組をまるまる一時間見るといえば、ドキュメンタリーくらいだ。海外のドラマや映画などは、動画のサブスクリプションサービスを利用しており、そもそもテレビをゆっくり見る暇がない。

これは、私に限らないだろう。

◈オールド・メディアと広告代理店の未来

今後、テレビの価値はどんどん下がるだろうし、テレビ業界をはじめ、いわゆるオールド・メディアと密接な関係にある大手広告代理店にしても、かつてのように羽振《はぶ》りよくというわけにはいかないだろう。

新しい局の参入や、メディアの放映権の見直しについても、否定はしない。また、キー局と呼ばれているテレビ局の中からも潰れる会社が出てくるはずだ。その結果、大御所といわれる芸能人たちも、露出の場を失って消えていくだろう。

一方、ネット系のメディア、サブスクリプション系の動画配信サービスは、まだまだ伸びそうだ。「自分が見たいものを、見たい時に見る」というスタイルが定着しつつあるからだ。

「長期低迷」を抜け出す秘策は？

日本は今後、長期低迷が続きそうだ。

至るところにぱっとしないムードが漂《ただよ》ってはいるが、改善策はある。

もう少しきちんと、働く人の給料を上げること。それだけで国民のマインドが明るくなり、景気もずいぶん改善されていくと思う。

物価が上がっているのなら、労働者の給料を上げるしかないのだ。

ちなみに今後、日本にバブル経済が再来することはない。

意図的にバブルをつくり出すことはできるのかもしれないが、そうなると自国にも他国にも被害者が出る。それは、今の時代では許されない。

◈「二極化」があらゆる意味で鮮明になる

ちなみに、日本はのんびりしているので、欧米とは違って物価がゆっくり上がる傾向にはある。

日本は今までの物価が安すぎたのだ。今後は、「特売」だったものが、「定価」で売られる、といった感じになると思う。

急激なインフレは起きないだろう。

そして、ここでも**二極化が鮮明**になってくる。

つまり、高くてもいいものは売れる。中途半端な値段のものが一番キツくなってくるだろう。

衣食住の全てがそういう方向に向かう。安いもので我慢するか、奮発して贅沢《ぜいたく》をするかのどちらかになる。

だから、生活において自分はどこにこだわるかが大事になってくる。

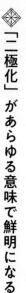

◈「自分の好き」を追求する人ほど豊かになる

職業にしても「自分のこだわり」が大切だ。

だから、転職について相談しにくる相手に必ず聞くのが、

「何が好きなの？」

ということだ。好きなことであれば、自然に探究心が湧いてきて楽しく仕事ができるからだ。

逆に、

「パソコンは苦手ですが、ＩＴ関係の会社が勤務条件がいいと聞きます。転職しても大丈夫でしょうか？」

などと相談してくる人がいる。だが、条件ばかりを気にして仕事を選ぼうとしている人を霊視しても、いい未来が視えたことがない。

同様に、食事には特にこだわりがないという人に、

「飲食店のオーナーになるとしたら、どのジャンルが当たりそうですか？」と聞かれたことがある。情熱もないのに「手っ取り早く儲かりそうだから」と事業を始めたとしても、視るまでもなく失敗するのがわかる。

私のまわりを見ていても、自分の趣味や嗜好《しこう》の延長上の仕事をしている人は、成功者が多い。

苦しいと感じても、ひたむきに仕事に打ち込むことができるからだろう。

人は、「興味があること」以外は、基本的にうまくはいかない。

今後は、その傾向が一層強まるように思う。

日本全体が浮上することはない。だからこそ、**「自分の好き」を追求する人ほど豊かな人生を送ることができる**だろう。

十年後に楽しみな「注目の業界」はあるか?

一昔前は、主要業界の中でも飛び抜けて調子がよかったのが金融だった。広告、放送業界を含むサービス産業などの景気も、ものすごくよかった。

ところが近年は、いずれも伸び悩んでいる。一時はピカピカの輝かしい業績を上げていた業界、企業であっても、時代の流れと共に、売り上げが落ちたり、勢いに陰りが出たり、影響力が低下したりの栄枯盛衰は世の習い。致し方のないものだ。

では今後、どの産業が伸びそうか。

私が視たところ最も伸びそうなのは、ゲーム業界だ。今後も膨大なお金が流れ込むはずだ。ゲームの形態の変化はあるだろうが、十年後も調子が悪くなることはないだろう。

また、当分は安泰だといえるのが、食品と医療だ。どちらも人間が生きていく上で、不可欠なものだからだ。

ただ、同じ医療でも介護福祉の業界には、不安定なものを感じる。需要は絶えないだろうが、介護の仕事をしたいという人が今後増える要素が見当たらない。

輸送や運輸も悪くなることはない。ものを運ぶという行為も、普遍的に必要なものだからだ。ただし、本書で再三、警告をしている「米中戦争」が始まると、思いもしなかったようなリスクにさらされるかもしれない。

◈注目すべきは「新素材」

さて、「もっと他に伸びそうな業界はないの?」という人のために、ひとつ提言するとしたら、**注視すべきは「素材」関連**だ。

プラスチックやチタンに匹敵するような、我々の日常生活に深く関わってくるような革新的な新素材がこれから十年ほどで生まれそうな匂いを感じるからだ。この新素材の誕生に伴って、普段使っている製品が多少なりとも変貌《へんぼう》しそうだ。

素材と言われてもピンとこないかもしれない。

だが、例えばメガネのフレームひとつとっても、素材は大きく変わってきている。以前はべっ甲や鉄、金などが主流だったが、今は樹脂やチタン、アセテートと呼ばれるプラスチックにその座を譲っている。

歯の詰め物にしても、古くは金などの金属だったものが、今ではセラミックや、ジルコニアセラミックと呼ばれる素材が多く用いられている。

また、一昔前までは高層ビルを建築するとなると「鉄筋コンクリート」が一般的だった。ただ、その耐久年数は五十年前後と短く、高度経済成長期に建てられたビル群の所有者は、メンテナンスやリノベーション、建て替え問題に頭を悩ませている。

そこで今、土や竹、木材を素材に用いた手法が注目を集めているという。

では、どの業界でこれから生まれる「革新的な新素材」がより重宝されるようになるのか。

実は現段階では、霊能ではここまで視るのが限界で、どう派生していくのかまでは追うことができない。

ただ、心に留めておいて損はないと思う。

今後、投資を始めるべきか

ここまで書くと、

「へえ、そうなんだ。それじゃあ、自分も『素材』関連を扱う企業に、投資でもしてみようかな」

と興味を抱く人もいるかもしれない。

アベノミクスの頃から政府は国民に、お金を投資に回すよう喚起していたが、岸田政権になると「貯蓄から投資へ」という方向性をさらに打ち出すようになった。

「株初心者」と冠したネット広告もよく見かけるし、書店に行っても同様の本が平積みになっている。

実際、私のところにも、

「株の取り引きに興味があるのだが、証券会社の営業マンから買ったほうがいいか、ネット証券で始めたほうがいいか」

「どんな株を買えば、値上がりする？」

「つみたてＮＩＳＡ（ニーサ）やｉＤｅＣｏ（イデコ）って、どう思いますか？」

といった相談をする人も増えた。

そんな時も私は、霊視をするのだが、「株式投資はやめておいたほうがいい」と止めることも多い。欲の皮が突っ張ってしまう人、冷静さを欠いてしまう人が、少なからずいるからだ。

バブルの頃を思い出してみてほしい。

政府もメディアも「株だ、土地だ」と散々煽《あお》ったが、その結果、多くの人が痛い目を見て、中には自ら命を絶つ人もいた。だからといって、バブルに乗じた人がケアされた話は聞いたことがない。

私は基本的に**「政府が勧めるものは、疑ってかかれ」**と思っている。

また、私は未来が視える。しかし株式投資をしようと思ったことがない。株価は様々な要因で変動するからだ。

霊感頼りの投資家になろうものなら、乱高下の局面では、常に霊感をフル回転させる必要がある。日常生活がボロボロになるだろうし、なにより「数字」を追いかける毎日に魅力を感じない。

それでもという人は、先に私が挙げたゲーム業界の株など、暴落しそうにない業界のものをチェックするところから始めるといいと思う。

「注目の職業」はあるか？

日本全体に何とも言えない閉塞感《へいそく》が漂っている今、「自分は、この職業を続けていて将来はあるのだろうか？」と、悩んでいる読者もいるかもしれない。

前述したように、基本的には**「自分の好きなこと」に関連した仕事**に就いてほしいが、私が注目したいのは、あまり人が注目していない**「隙間《すきま》産業」の職業**だ。

今、大学の就活生の間では、コンサルタントや商社マンを目指す人が多いと聞く。「ゲーム業界」も、大変な人気だそうだ。

とはいえ、人気業界であればあるほど、競争率は高い。

ゲーム関連で言えば、大人気の「eスポーツ」でプロを目指すのは並大抵のことではない。何しろ日本のeスポーツ人口は三百万人をはるかに超えるが、「日本eスポーツ連合」のプロライセンスを取得しているのは、わずか三百人ほどという。

またデータ分析やAI関連の人材が枯渇《こかつ》しており、そうした人材は引く手あまたとも言われるが、そんな人材になるためには高度な専門教育を受ける必要がある。

このように「今、注目・人気」の職業というのは、かなり高度なスキルが必要とされるものであったり、就業するまでの競争が激烈な上、就業してからの競争も生半可《なまはんか》ではなかったりする。

◈もはや「二番煎じ」はリスクしかない

というわけで、そんな競争者のひしめく「レッド・オーシャン」を避けて、競争者のいない「ブルー・オーシャン」を目指すのが賢い選択となるわけだが、その中でも、誰もが比較的とっつきやすい職業のキーワードは、**「伝統」**そして**「アナログ」**だ。

そして、もし目をつけるなら、「人がやっていない分野」だ。

今、日本の伝統産業の多くが衰退の一途を辿っている。

需要の減少に加え、海外で安く製品が調達できることもあり、廃業する職人も少なくない。一方で、代々受け継がれてきた高度な技術を残すべく、サポートしたいという意思を持つ富裕層が多いのも事実だ。

もし、今の仕事に思い悩んでいるなら、そうした篤志家《とくしか》によるサポートも期待できそうな伝統産業の世界に飛び込んでみるのも一つの手だ。

ただ、「好きであること」が最低条件だが。

最近、「日本の伝統産業に興味がある」と、遠路はるばる来日し、修業に励む外国人職人を目にすることが増えてきた。

彼らの姿を見ていると、日本の若者の中からも、もっと「日本の伝統を自分も受け継いでいこう」という志を立てる人が出てきてほしいと、思わず願ってしまう。

もちろん、お金をたくさん稼ごうと思うのであれば、時代の半歩先を読み、新しい技術を生み出すのが一番だ。しかし、そのための才覚に恵まれる人は、ごくごく一部だ。

成功者の講演会はいつの時代も盛況だそうだが、彼らは「他の人と違うこと」をやったから成功したのだ。**「目の付けどころ」がよかったのだ。**そして**安易な二番煎じにはリスクしかない。**

ちなみに、一番、参考にしてはいけないのは、マスコミが報じる「未来予測」だ。マスコミの未来予想など既に出涸《でが》らしで、当たったためしがないのだから。

日本人の「宗教観」は変わるか

新興宗教の中には献金強要問題や政治家との癒着がとりざたされてきたものがあるが、これからさらなる実態が明るみに出る。

旧統一教会の実態が明らかになったことで、新興宗教に対する不信感が増すのはもちろん、**宗教離れも加速**するように思う。

というのも、葬儀の簡素化が当たり前になり始めているからだ。これまでも簡素化される傾向があったが、コロナウイルスの流行が決定打となった。

最近は、本当によく「墓じまいをした」だとか、「法事をしなかった」という声を聞くようになった。

これまで当たり前のようにつけてもらっていた戒名《かいみょう》も、「もらわなくてもいいのではないか」といった声が出始めている。

私自身、お客さんから、

「地方にある先祖代々のお墓を今、親類が守ってくれています。私が定年退職をしたら家族で田舎に戻り、墓守《はかも》りをする約束なのですが、家族が乗り気ではありません。お墓をどうしたらいいでしょうか」

といった相談を、最近とみに受けるようになった。また、

「毎年行っているお墓参りに、コロナの緊急事態宣言の後からは行けていません。どうしたらいいですか？」

といった相談も多かった。

そんな時は、

「毎回、往復するお金があるのなら、自宅近くにお墓を移したらいいんじゃないですか」

と、答えている。「お墓を移したことで先祖の祟《たた》りを受ける」といったことは、私の経験上まず、ない。

逆に、縁遠くなった親類に頼むくらいなら、自分の住まいから通いやすい場所に移すほうがはるかにいい。

◈戒名や結婚式に何百万円も使うよりも……

墓所についても、戒名の必要がない樹木葬にしても全く問題ないと思う。

そもそも私は、「お墓参りに行ってもあまり意味はない」という考え方をしている。私は両親の位牌《いはい》にはよく手を合わせるが、コロナ禍もあってお墓参りには三年くらい行っていない。

お墓参りをしてもしなくても、運気は変わらない。それなら、位牌を大切にするほうがよっぽどいい。

位牌が手元にないという場合は、写真でもいい。頭の中で故人を思い浮かべるといった行為も悪くはないが、写真があるほうが霊体が目印にしやすいからだ。

写真は直近のものでなくてもいい。元気な頃の、故人も喜びそうなものをチョイスするといいだろう。

日本人は、冠婚葬祭に使うお金について、もう少し考えたほうがいいと思う。

例えば、結婚式にしても、数時間の式に何百万も使うのなら、そのお金で車でも買ったほうが現実的だし、記念にも残ると思う。

自分のまわりの人を思い起こしてほしい。

盛大に結婚式を挙げた人が必ずしも円満な結婚生活を送るわけではないし、逆に、式を挙げなかった人は必ず離婚するなんてこともない。

コロナで得られた教訓としては、**「今までの無駄があぶり出された」**ことだろう。

冠婚葬祭に関わる職業に就いていた人たちは大変だが、そういう業界は廃《すた》れていくと思う。

「税率」はどこまで上がり続けるのか？

消費税については、最大で二〇％まで上がるだろう。

ただし、ここまで上がるのは、それほど近い未来ではない。二〇二三年一月現在の消費税は一〇％だが、それが徐々に、徐々に上がっていくだろう。

消費税が導入されたのは一九八九年で、当初は三％だった。今ではみんなが「当たり前」と受け止めている消費税だが、当時の一般市民の反発は大変なものだった。

その後、一九九七年に五％、二〇一四年に八％となり、二〇一九年には飲食料品や新聞などの軽減税率適用の品目以外は一〇％に上げられた。

これからも段階的に上がっていき、最終的に二〇％となる、というのが視える。そして、減税されることはない。

選挙公約で消費税の減税を掲げる党もあるが、「現実を考えていない」としか思えない。

そもそも、消費税が導入された大きな理由に、「高齢化社会への対応」がある。

ご存じのように、日本は高齢化が超速ペースで進み、導入当時から、年金、医療、福祉の財源確保が危ぶまれてきた。現役世代の所得税や法人税に頼るのでは、働き手の重税感・不公平感が増大し、勤労意欲・事業意欲にも看過《かんか》できない影響を与える……といった趣旨《しゅし》で消費税の導入は始まったのだ。

消費税は、買い物をする度にかかり、老若男女を問わず国民全員にかかる税金だ。少子化が改善する兆候も見られず、医療費や福祉にかかる費用は膨張する一方だ。消費税率は、上げることはあっても、下げる選択肢はない。

税収を増やす案として、個人的には**宗教法人に課税するのが一番**だと思っている。周知のとおり、宗教法人は税制面で優遇されている。原則は非課税で、収益事業を行なうと課税されるが、お布施《ふせ》や献金、賽銭《さいせん》などには税金がかからない。信者を多数抱える大きな宗教法人であれば、その額は膨大になるだろう。

旧統一教会の恐るべき献金強要問題が、宗教法人優遇を見直す契機になればいいな、とは期待している。

だが、今回、政治家と旧統一教会との関係が明るみに出たことで、あらためて宗教法人が巨大な「票田《ひょうでん》」になっていることがあぶり出された。政治家が課税に向けて舵を切るには、様々なしがらみを断ち切らねばならないだろう。なかなか難しい問題であると思う。

「ベーシックインカム」への熱視線

経済対策で言うと、「ベーシックインカム」に熱視線を送る人もいる。

ベーシックインカムとは、国が国民全員に無条件でお金を配る制度のことだ。

そのメリットを訴える専門家も多い。だが、今回のコロナ禍でも、所得制限などは全くつけず、富裕層から赤ちゃんまで、全国民に一律に十万円の給付金が配られたが、これだけでも賛否両論があった。

「巨額の財源をどう確保するのか」という問題もあり、日本にベーシックインカムが導入されることは今後もまずないだろう。

もし、税制面やベーシックインカムで大きな動きが起きるとすれば、直近であればやはりアメリカと中国の間の戦争がきっかけになるだろう。


（了）

●写真提供（数字は掲載ページ）
◆共同通信：27、32、59、87、117、157 ◆ロイター＝共同：37 ◆Sputnik/共同通信イメージズ：41 ◆Â©Ukraine Presidency/Ukraine Presi/Planet Pix via ZUMA Press Wire/共同通信イメージズ：63 ◆Â©Mcs Heather Mcgee/Us Navy/Planet Pix via ZUMA Press Wire/共同通信イメージズ：70 ◆ゲッティ＝共同：97 ◆©Stanislav Kogiku/SOPA Images via ZUMA Press Wire/共同通信イメージズ：185 ◆ＵＰＩ／ニューズコム／共同通信イメージズ：197 ◆フォトライブラリー：153、161 ◆国立公文書館：137

本書は、本文庫のために書き下ろされたものです。

エスパー・小林《こばやし》の大《だい》予《よ》言《げん》

著者　エスパー・小林（えすぱー・こばやし）
発行者　押鐘太陽
発行所　株式会社三笠書房
〒102-0072 東京都千代田区飯田橋3-3-1
電話　03-5226-5734（営業部）03-5226-5731（編集部）
https://www.mikasashobo.co.jp
印刷　誠宏印刷
製本　ナショナル製本

©Esper Kobayashi, Printed in Japan ISBN978-4-8379-3037-2 C0130

＊本書のコピー、スキャン、デジタル化等の無断複製は著作権法上での例外を除き禁じられています。本書を代行業者等の第三者に依頼してスキャンやデジタル化することは、たとえ個人や家庭内での利用であっても著作権法上認められておりません。
＊落丁・乱丁本は当社営業部宛にお送りください。お取替えいたします。
＊定価・発行日はカバーに表示してあります。

王様文庫

王様文庫

眉間に「第三の眼」を持つ男――
エスパー・小林の本

エスパー・小林の

「運」がつく人　「霊」が憑《つ》く人

＊「あなたの運をあげてくれる人」の見分け方　＊なぜ、成功者は〝霊感に近い力〟を持っているのか　＊「成仏していない霊」がうようよしている場所とは　＊「ちょっと変だ……」その違和感はたいてい正しい　＊「高級霊」が味方する人とは――「いざ」という時、頼りになる本！

エスパー・小林の

「霊」についての100の質問

衝撃の真実、怖すぎる実例……「霊」に関する知りたいことがわかる本。＊なぜ、人は死んだら四十九日間、この世を漂うのか　＊「あの世」の入り口を霊視すると……　＊「虫の知らせ」はどこまで当たる？　……「怨念」と「呪い」の除け方から未来予知、死後の世界の話まで！

エスパー・小林の

そうだったのか！「あの世」の真実

光の道、お迎え、成仏、転生…etc.「その時」、人はこうなる！　「天国にいるあの人」とのホットラインのつなげ方　＊「お線香一本」でも気持ちは伝わる　＊「夢枕に立ってもらう」方法　＊死ぬと誰かの「背後霊」になる――「見えない世界」の謎と不思議に迫る！

知らずにかけられた呪いの解き方

土地、因縁、血脈……身近にある「魔」をあなどる勿《なか》れ！　「運気に守られる人」が実践していること　＊「教養」を深めるほど嫉妬の渦に巻き込まれなくなる　＊心霊写真――「本当にヤバい霊」の場合　＊女性に真珠、ダイヤをすすめる理由――「六連朧陣」護符シール付き！

K40111